LA
CHAPELLE FRANÇAISE

DÉDIÉE A SAINT LOUIS

DANS

LA BASILIQUE DE LORETTE

NOTICE

HISTORIQUE ET DESCRIPTIVE

PAR

L'ABBÉ A. DELAAGE

CHANOINE HONORAIRE DE PARIS, SECRÉTAIRE DU COMITÉ

PARIS

IMPRIMERIE DE D. DUMOULIN ET Cⁱᵉ

5, RUE DES GRANDS-AUGUSTINS, 5

1899

LA

CHAPELLE FRANÇAISE

DÉDIÉE A SAINT LOUIS

DANS

LA BASILIQUE DE LORETTE

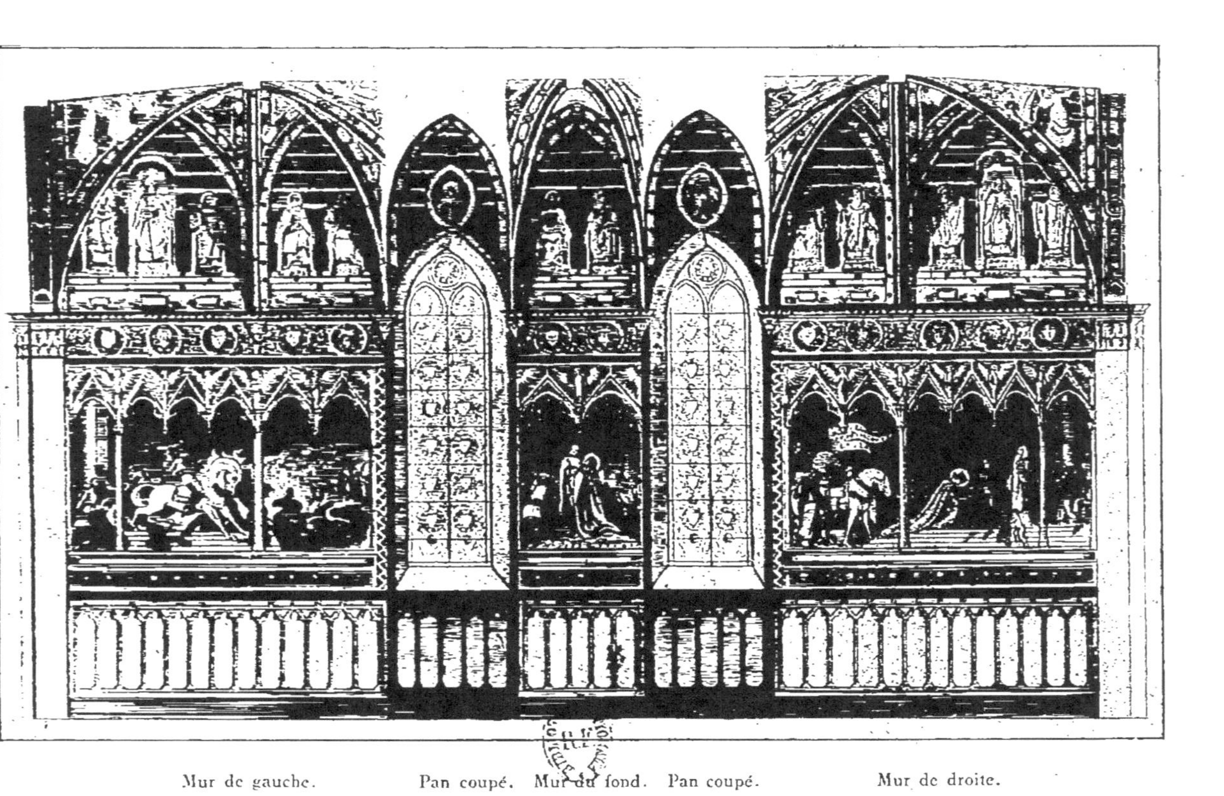

Développement général des peintures.

LA
CHAPELLE FRANÇAISE

DÉDIÉE A SAINT LOUIS

DANS

LA BASILIQUE DE LORETTE

NOTICE

HISTORIQUE ET DESCRIPTIVE
PAR
L'ABBÉ A. DELAAGE

CHANOINE HONORAIRE DE PARIS, SECRÉTAIRE DU COMITÉ

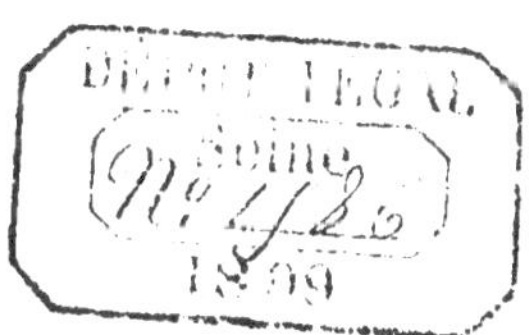

PARIS

IMPRIMERIE DE D. DUMOULIN ET Cⁱᵉ

5, RUE DES GRANDS-AUGUSTINS, 5

1899

LA CHAPELLE FRANÇAISE

DÉDIÉE A SAINT LOUIS

DANS LA BASILIQUE DE LORETTE

« Bâtie il y a cinq cents ans, la grande basilique qui renferme, comme dans un reliquaire, la Sainte Maison de Nazareth, avait, de nos jours, besoin de réparations. La coupole, surtout, menaçait ruine. On se mit à l'œuvre..... Chemin faisant, l'idée vint de donner à ce monument un caractère plus accentué de catholicité, en invitant toutes les nations à s'en approprier une partie[1]. »

C'est en ces termes que, naguère, le R. P. Eschbach, supérieur du séminaire français à Rome, annonçait l'œuvre dont la présente notice est destinée à faire connaître la légitimité, l'histoire et les besoins.

Je l'appelle une œuvre, car ce mot convient ici à tous égards. Il s'agit en effet d'œuvre pie, mais aussi d'œuvre d'art ; l'esthétique y est aussi intéressée que la charité, et ceux qui liront ces pages en tireront, je l'espère, cette conclusion : si l'Œuvre de la chapelle Saint-Louis est une œuvre catholique, elle est à égal titre une œuvre française, et un patriotisme éclairé exige qu'elle soit menée à bonne fin.

1. *La France à Lorette*, par le R. P. Eschbach, supérieur du Séminaire français, 1890.

I

LA FRANCE ET LORETTE

Entre toutes les nations catholiques, la France devait la première recevoir les ouvertures de Monseigneur l'Évêque de Lorette[1], et, les ayant reçues, elle ne pouvait sans déchéance leur refuser un sympathique accueil. Non seulement sa générosité bien connue, mais encore et surtout les traditions de son passé le lui défendaient.

Depuis le quatorzième siècle, en effet, l'histoire de Lorette n'a cessé d'enregistrer les nombreux témoignages de la pieuse vénération dont la Sainte Maison a été l'objet de la part des Français. Il n'est pas hors de propos d'en rappeler[2] ici quelque chose.

1. Bien que, par une bulle de 1507, Jules II eût placé le sanctuaire de Lorette sous la dépendance directe du Saint-Siège, la ville, jusqu'à la fin du seizième siècle, dépendit de l'évêché de Recanati. Grégoire XIII, en 1586, transféra de Recanati à Lorette le titre épiscopal. Mais sans doute Recanati ne put se résigner à cette perte ; car, six ans après, Clément VIII lui rendit ce qui lui avait été enlevé, sans toutefois supprimer l'évêché de Lorette. Depuis cette époque, en effet, ces deux évêchés ont toujours été unis dans la personne d'un même pontife, tout en demeurant distincts, et en conservant chacun sa cathédrale, son chapitre et son administration diocésaine propres. Cette union cesse de fait par la mort du titulaire. Chacun des deux diocèses est alors administré par un vicaire capitulaire élu par le chapitre de sa cathédrale. C'est ce qui s'est passé en 1897, lors de la mort de Mgr Gallucci. Le nouvel évêque, Mgr Guglielmo Giustini est, comme ses prédécesseurs, revêtu du double titre d'évêque de Lorette et de Recanati.

2. On ne veut donner qu'un résumé. Pour plus de détails, consulter : 1º Les histoires des divers personnages qui seront nommés ; 2º les ouvrages qui ont traité de Lorette et de son pèlerinage, tels que : *Histoire critique et religieuse de Notre-Dame de Lorette*, par A.-B. Caillau. Paris, 1843 ; *Lorette et Castelfidardo*, par Edm. Lafond. Paris, 1862 ; *Lorette. Le Nouveau Nazareth*, par Guillaume Garratt. Lille, 1893. On lira aussi avec intérêt la brochure du R. P. Eschbach dont j'ai déjà parlé, et deux articles donnés à l'*Univers* (17 et 29 janvier 1898), par M. l'abbé Casabianca, sous ce titre : *France et Lorette.*

Des treize papes qui, pendant leur pontificat, ont visité la Santa Casa, le premier, selon une tradition constante à Lorette, est un pape français, Urbain V, qui s'y rendit vers 1368[1].

Catherine de Médicis, Henri III, Louis XIII[2], Louis XIV, Anne d'Autriche, par leurs envoyés, leurs fondations, leurs riches présents, sont au premier rang des clients de la sainte Vierge à Lorette. Marie-Antoinette lui député ses trois frères, les archiducs Léopold, Ferdinand et Maximilien. Les tantes de Louis XVI, les princesses Marie-Adélaïde et Marie-Victoire font, pendant la Révolution, le pèlerinage de la Santa Casa.

Auprès de ces noms appartenant aux familles royales, que d'autres célèbres dans l'histoire sont inscrits dans les annales de la basilique ! Voici le duc Anne de Joyeuse et son frère le cardinal, Louis de Bourbon duc de Montpensier, le baron de Lusignan, le chevalier de Villamont, Pierre d'Argentrey, M. de Chanteloup, le grand Condé et le prince de Conti, le duc d'Épernon, le duc de Créqui, la duchesse d'Aiguillon, Louis et René de Marillac, le comte de Clinchanes, Charles de la Saussaye curé de Saint-Jacques-la-Boucherie, l'abbé de Bretonvilliers[3] après M. Olier, Louis

---

1. Ce pèlerinage n'est pas relaté dans les vies antiques d'Urbain V. Mais, outre que ces vies sont très abrégées, il faut constater qu'elles ne contredisent pas la tradition de Lorette. Elles mentionnent très expressément l'arrivée du Pape en Italie en juin 1367, et ses séjours annuels, soit à Viterbe, soit à Montefiascone, du 9 juin au mois d'octobre 1367, du mois de mai au mois d'octobre 1368, du mois d'avril au mois d'octobre 1369, et du 26 avril au 24 septembre 1370. (*Actes anciens et Documents concernant le bienheureux Urbain V.* Paris, 1897.) C'est de là qu'il se sera rendu à Lorette.

2. L'une des deux couronnes envoyées par Louis XIII portait cette inscription :

Tu caput ante meum cinxisti, Virgo, corona :
Nunc caput ecce tegot nostra corona tuum.

« O Vierge, vous avez la première ceint ma tête d'une couronne; voici maintenant notre couronne qui se pose sur votre front. »

3. Le compagnon de M. de Bretonvilliers, M. Bourbon, raconte qu' « on commençait à y dire des messes dès les deux ou trois heures du matin, sans discontinuer un seul moment jusqu'à la même heure après-midi, et que ce

Perrochel conseiller au Parlement de Paris, François de Beauvilliers duc de Saint-Agnan, l'abbé de Chéré, etc.

Descartes fait un vœu à Notre-Dame de Lorette, et l'exécute en 1624. Avant lui, on avait vu venir à Lorette en pèlerin un autre écrivain français, Montaigne[1], et son journal de voyage n'est pas un des récits les moins intéressants parmi ceux que nous a laissés le seizième siècle sur la cité de Marie. Lisons-en une page : « En cette logette se voit au haut du mur l'image de Nostre-Dame faite, disent-ils, de bois ; tout le reste est si fort paré de vœux riches de tant de lieux et de princes, qu'il n'y a jusques à terre pas un pouce vide, et qui ne soit couvert de quelque lame d'or ou d'argent... J'y peus trouver à toute peine place, et avec beaucoup de faveur, pour y loger un tableau... Nous fismes en cette chapelle-là nos Pasques, ce qui ne se permet pas à tous, à cause de la grand'presse d'hommes... Un jésuite allemand m'y dit la messe et m'y donna à communier... Il y a tant de ceux qui vont à toutes heures en cette chapelle, qu'il faut de bonne heure mettre ordre qu'on y fasse place... Il est défendu au peuple de rien esgratigner de ce mur, et s'il était permis d'en emporter, il n'y en aurait pas pour trois jours[2]. »

Nos Saints français furent aussi de fervents pèlerins de Lorette. J'aurai à parler des deux visites de saint François de Sales : on peut lire, dans les histoires de ces saints person-

temps ne suffisait pas pour satisfaire aux désirs de ceux qui prétendaient de l'y dire. »

1. Dans un ouvrage récent : *Montaigne et ses amis*, M. Paul Bonnefon raconte ainsi ce pèlerinage (T. II, chap. i) : « Le 19 avril 1581, Montaigne quittait Rome, après y avoir séjourné plus de quatre mois et demi..... A Lorette, Montaigne ne manque pas de visiter la Santa Casa et y fait ses dévotions. Il séjourna trois jours dans ce célèbre lieu de pèlerinage, et ne voulut pas le quitter sans y laisser un souvenir de son passage. Il offrit à la Madone un tableau d'argent représentant le donateur, sa femme et sa fille, agenouillés et placés sous la protection de Notre-Dame. »

2. Montaigne raconte la guérison miraculeuse d'un Parisien, Michel Marteau, seigneur de La Chapelle, plus tard conseiller maître à la Chambre des comptes et prévôt des marchands, et ajoute : « Il n'est possible de mieux ni plus exactement former l'effaict d'un miracle. »

nages, celles que firent M. Olier, fondateur de la Compagnie de Saint-Sulpice ; le bienheureux Grignon de Montfort, instituteur des Sœurs de la Sagesse et des Missionnaires de Saint-Laurent-sur-Sèvre ; saint Benoît Labre, qui y vint onze fois, à pied, de 1770 à 1782, etc...

De combien d'autres Saints n'y pouvaient-ils pas euxmêmes vénérer le souvenir ! Lorette a vu prier dans la Santa Casa sainte Brigitte, sainte Catherine de Sienne, saint François de Paule, saint Bernardin de Sienne, saint Ignace, saint François Xavier, saint Stanislas Kotska, saint Louis de Gonzague, saint Camille de Lellis, saint Charles Borromée, saint Alphonse de Liguori, etc. etc.

Mais à tous il n'est pas donné de faire de lointains pèlerinages. La piété française envers le célèbre sanctuaire se traduisit souvent par des vœux[1].

Lyon, délivré de la peste en 1581, députa le Père Edmond des Anges, jésuite, Antoine Amyot et de Rubis pour rendre hommage à Notre-Dame de Lorette et accomplir son vœu.

Paris, réduit à la dernière extrémité par les sièges successifs qu'il soutint au temps de la Ligue, se tourna aussi vers Marie.

« Entre tous les actes inspirés par la piété publique, dit un historien, on doit remarquer le vœu fait à Notre-Dame de Lorette. Le 1er juillet, le prévôt des marchands, les échevins, les colonels et capitaines de la garde bourgeoise se rendirent à l'église cathédrale, et là, au milieu d'un grand concours de peuple, ils s'engagèrent solennellement à consacrer une lampe et un navire d'argent pesant 300 marcs à Notre-Dame de Lorette lorsque le siège aurait été levé[2]. »

---

1. Voici un trait de l'enfance de Louis XIII que nous a conservé le *Journal d'Héroard*, à la date du 15 novembre 1611 : le jeune roi avait alors dix ans. « M. de Souvré lui fit part de la maladie de Monsieur; le roi demanda : N'y a-t-il pas moyen de le sauver? — Sire, les médecins y font ce qu'ils peuvent, mais il faut que vous priiez Dieu pour lui. — Je le veux bien, ne faut-il pas faire autre chose ? — Sire, il le faut vouer à Notre-Dame de Lorette. — Je le veux bien, que faut-il faire?... »

2. *Histoire de la Ligue,* par Victor de Chalambert. Paris, 1854. T. II.

Dans un mémoire contemporain[1], Pierre Corneio, ligueur, dit aussi (année 1590) : « Toutes ces nécessités furent telles et si grandes que les prières augmentaient tous les jours ; et en une assemblée de ville qui fut faite, l'on fit un vœu au nom de toute la ville à Notre-Dame de Lorette[2]. »

La dévotion porta aussi à construire des sanctuaires. On les dédiait à Notre-Dame de Lorette : telle la chapelle qui existait déjà à Paris, en 1646, dans le faubourg Montmartre, et qui donna plus tard naissance à la paroisse qui porte aujourd'hui le même nom. Quelquefois on fit mieux encore : on voulut que la chapelle reproduisît les dimensions et l'apparence de la Santa Casa.

Parmi ces dernières, la plus célèbre est celle qui existe encore aujourd'hui à Issy-sur-Seine[3], dans la maison de campagne du séminaire de Saint-Sulpice. Bossuet y venait prier ; Fénelon y avait grande dévotion, on le voit par ses lettres.

Dans des mémoires de la fin du dix-huitième siècle on lit : « La chapelle de cette maison se nommait Lorette et représentait, en abrégé, la Notre-Dame si célèbre en Italie. La Sulpicienne avait aussi sa célébrité. Les évêques y venaient souvent dire ou entendre la messe... On y voyait en dévotion

1. *Mémoires de la Ligue.* Paris, 1758. T. IV, p. 288.

2. Du reste, les Parisiens n'attendirent pas la levée du siège pour donner à leur vœu un commencement de réalisation ; car, dans les registres capitulaires de Notre-Dame de Paris, j'ai pu lire, à la date du 4 janvier 1591, quelques lignes relatives à cette affaire, dont, malgré les difficultés de la lecture, je crois pouvoir donner le texte exact : *Relata fuit supplicatio dominorum Sorboniæ Parisiensis quatenus dominis placeat curare, altare quotidianum eos habere faciendo sacrum circa horam decimam adusque placuerit divinæ majestati votum dominæ Virgini de Loreta dicatum reddere posse.* Les docteurs en Sorbonne demandaient donc qu'il leur fût permis de faire dire chaque jour, vers dix heures, une messe à Notre-Dame, jusqu'à ce qu'ils pussent s'acquitter de leur vœu à Notre-Dame de Lorette. (Archives nationales, LL, 165.)

3. Il y en a d'autres. J'en connais une au village de La Flocellière (Vendée). Plusieurs auteurs assurent qu'une de ces chapelles existait au dix-septième siècle dans le faubourg du Temple ; je n'ai pu contrôler leur affirmation.

les personnages les plus distingués : le Dauphin et la Dauphine, père et mère de Louis XVI, y venaient souvent s'humilier en présence du Roi des rois [1]... »

On voudrait que l'histoire de la France à Lorette ne contînt d'autres pages que celles qui redisent la piété de notre pays. Hélas! le souffle impie qui amoncela les ruines à la fin du dernier siècle porta ses ravages au delà de nos frontières. Le sacrilège qui souilla nos églises atteignit Lorette, et ce furent des mains françaises qui le commirent. En 1797, sur l'ordre du Directoire qui lui envoyait les lettres les plus pressantes, le général Bonaparte s'emparait du trésor de la Santa Casa. La statue de la Madone ne fut pas respectée, on l'arracha à la Maison de Nazareth : « Il faut que, comme le successeur de saint Pierre, Marie ait sa déportation et son exil. Il faut qu'à la suite du Pape, elle soit traînée au delà des Alpes à travers la France révolutionnaire [2]. » La sainte image fut apportée à Paris.

Napoléon Ier la restitua à Pie VII lorsque celui-ci vint en France pour sacrer l'empereur, en 1804. Mais auparavant elle avait été déposée à Notre-Dame et vénérée par les prêtres et les fidèles dans la vieille cathédrale de saint Louis. C'était une première réparation. Une autre lui vint des membres de la famille impériale [3], qui, lorsqu'elle eut été replacée dans son sanctuaire, lui donnèrent les témoignages de leur vénération.

De nos jours, les pèlerins français n'ont pas cessé de venir en grand nombre visiter la Sainte Maison.

On ne peut plus citer de noms [4] ; les progrès des applica-

---

1. *Mémoires de l'abbé Baston*. T. I, chap. ii. Paris, 1897.

2. Lafond. *Lorette et Castelfidardo*. 16º lettre.

3. Murat, roi des Deux-Siciles, et sa femme Caroline Bonaparte; Eugène de Beauharnais et sa femme Amélie de Bavière; enfin, plus tard, la reine Hortense et son fils le prince Louis.

4. Exceptons pourtant le vénérable Libermann, ce juif converti que Dieu destinait à procurer le salut des Nègres. Parti de Rome à pied et en mendiant, il vint à Lorette en 1840, y fut guéri d'un mal cruel et fonda bientôt la Congrégation du Saint-Cœur de Marie.

tions de la science augmentant la facilité des voyages, c'est
un défilé ininterrompu d'évêques, de prêtres, de fidèles appartenant à toutes les classes de la société.

Lorsqu'ils viennent à Lorette, ils y retrouvent toujours
vivants les souvenirs français.

Déjà de son temps, Montaigne disait : « Il y a dans le chœur
de l'église une enseigne de nos Rois pendue, et non les
armes d'autre Roy. » Les pèlerins d'aujourd'hui voient dans
la basilique un portrait de saint Louis dont il sera parlé
plus loin ; des tombes françaises : celle d'un gouverneur de
Lorette natif d'Avignon, Pierre-Dominique Cabannes, et celle
d'un évêque d'Albi, le cardinal François Ambasien ; ils y
rencontrent un chapelain français dont la nomination appartient depuis un siècle à l'ambassadeur de France à Rome, et
qui est chargé d'accomplir les fondations anciennes en même
temps qu'il se met à la disposition de ses compatriotes [1] ; ils
peuvent visiter dans la ville des communautés françaises qui
y exercent leur mission de charité : les sœurs de Saint-
Vincent de Paul, les religieuses du Bon-Pasteur, celles de
Saint-Michel.

Terminons par un souvenir d'hier cet interminable chapitre. En 1860, les défenseurs de Pie IX vinrent tomber sous
les murs de la cité sainte : dans la plaine qui s'étend à ses
pieds eut lieu le glorieux combat de Castelfidardo. Je laisse
parler M. Lafond : « Lorette qui, depuis saint Louis jusqu'à
Napoléon III, est un abrégé de l'histoire de France ; Lorette
allait revoir le beau spectacle que lui avaient donné, au seizième siècle, le duc de Guise et son armée [2]. Les croisés
français de 1860 vont venir à Lorette pour laver de leur sang
la tache sacrilège de 1797, et défendre, à leur tour, le sanctuaire de Marie contre d'impies envahisseurs [3].

1. C'est aujourd'hui Mgr de Marsy.

2. Il était beau de voir, dit M. le comte de Lescoët, « ces fronts de guerriers illustres et de volontaires, à peine sortis de l'enfance, confondus, la
veille du combat, dans le sanctuaire de Lorette. »

3. « Tant qu'a duré le combat, écrivait plus tard un de ces héros, je n'ai

L'étendard de la croix s'élève dans leurs mains. Comme dans la première croisade, l'armée de ces nouveaux croisés est en partie française ; elle a deux Français pour chefs ; ses meilleurs soldats sont ceux qui sont venus à Rome des rives de *doulce France*, le royaume très chrétien où retentit pour la première fois le cri des croisades : *Diex el volt !* »

Tel est, résumé à grands traits, le mémorial de la France à Lorette. Il équivaut à un titre de possession, et justifie, ce semble, la conclusion énoncée au commencement de ce chapitre : oui, dans l'appel qui a été fait aux nations catholiques nous avions droit d'être convoqués les premiers. S'il doit y avoir à Lorette des chapelles nationales, il faut qu'il y ait une *Chapelle Française*.

Quelle sera cette chapelle ?

pas perdu de vue le dôme de Lorette. » Paul de Parcevaux, expirant à Osimo, écrivait dans son testament : « Mon âme à Dieu, mon cœur à ma mère, mon corps à Lorette. »

II

LA BASILIQUE ET SES CHAPELLES

La basilique de Lorette est un édifice gothique du quinzième siècle. Divers travaux de consolidation et d'embellissement lui avaient fait perdre le caractère de cette époque : c'est à le lui rendre que s'applique l'architecte qui, depuis douze ans, en dirige la restauration, M. le comte Joseph Sacconi de Montalto, membre correspondant de l'Institut de France, artiste d'un mérite reconnu.

Ses dimensions intérieures sont : 93 mètres dans la longueur, 67 mètres dans la plus grande largeur, entre les deux bras de la croix ; 26 mètres dans la plus petite largeur, entre les murs des chapelles de la nef.

Le pèlerin qui entre par la porte du milieu de la façade se trouve d'abord dans une nef principale que, à droite et à gauche, des piliers séparent de nefs moins larges. Dans chacun de ces bas côtés, six autels placés entre les contreforts des voûtes sont adossés aux murs extérieurs. Mais le regard se porte de suite vers le point central du monument. Là, au-dessous d'une coupole hardie que supportent huit piliers, sur une sorte de plate-forme qui l'exhausse de quelques marches au-dessus du sol environnant, se dresse, isolée de toutes parts, la Santa Casa. La coupole est suspendue au-dessus d'elle comme un diadème, de même qu'à Paris le dôme des Invalides couronne le tombeau de Napoléon Ier.

A droite, à gauche et derrière[1], trois absides égales complètent le monument en lui donnant la figure d'une croix.

---

1. J'avertis, une fois pour toutes, que ces désignations de droite et de gauche sont prises par rapport à quelqu'un qui, entrant dans la basilique, tourne le dos aux portes de la façade et regarde la Santa Casa.

Chacun des bras de cette croix est formé d'une chapelle principale accostée de deux chapelles de moindres dimensions; et aux quatre points où les bras de la croix se soudent les uns aux autres, quatre tours assurent la stabilité et servent intérieurement de sacristies.

Ce sont les trois grandes chapelles (*plan* E, A, F) qui, avec la coupole, doivent fixer notre attention. Elles sont égales entre elles. La seule différence qu'elles présentent consiste dans la disposition des fenêtres. Tandis que la chapelle du sommet de la croix n'a qu'une grande fenêtre placée au fond, celles des deux autres bras en ont deux, disposées à droite et à gauche[1].

Avant la restauration actuellement entreprise, la grande chapelle du croisillon de droite (*plan* E) servait de chœur aux chanoines; dans celle du fond de l'église (*plan* A) était conservé le Très Saint Sacrement; celle du croisillon de gauche (*plan* F) était la chapelle du Rosaire.

Des modifications importantes ont été apportées à cette distribution, en même temps que se poursuivait un plan d'ornementation nouvelle. Tout d'abord les anciennes peintures de la coupole [2] ont été remplacées. Dans une fresque magistrale qu'il vient de terminer, M. le professeur César Maccari y a développé et commenté les litanies de la Sainte-Vierge. Un certain nombre d'invocations y sont symbolisées par des attributs; d'autres sont rappelées par des anges porteurs d'inscriptions, tandis que, sous huit arcatures, un égal nombre de compositions dans lesquelles l'artiste a poussé la conscience jusqu'à donner une désignation individuelle à chacun des personnages qu'elles renferment, représentent Marie comme Reine des Patriarches, des Prophètes,

---

1. J'insiste sur ce point parce qu'il va à l'encontre d'une idée qui a eu cours, et qui tendait à représenter la Chapelle Française comme moindre que la Chapelle Allemande. Leur parfaite égalité résulte non seulement de l'aspect du plan, mais de mesures minutieuses que j'ai relevées moi-même sur place.

2. Elle est de forme octogonale et mesure 20 mètres de diamètre.

des Apôtres, des Martyrs, des Confesseurs, des Vierges, de tous les Saints, et comme Reine du Très Saint Rosaire.

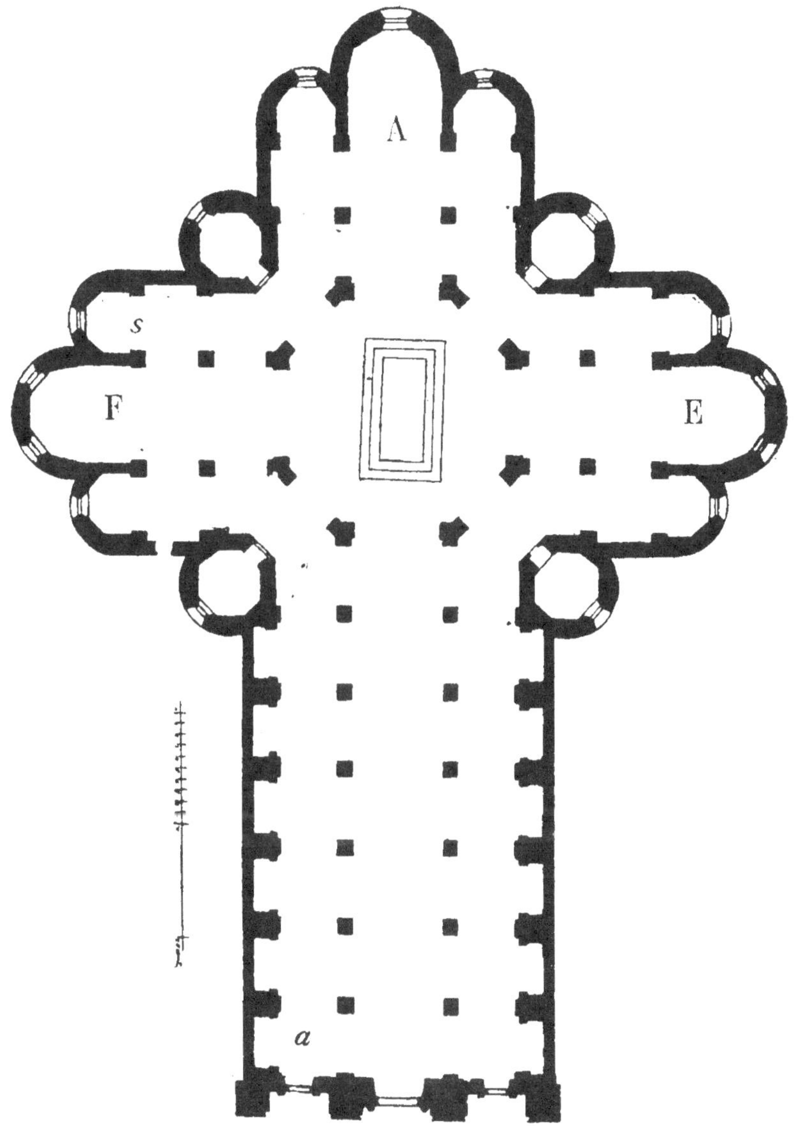

Au sommet, des anges innombrables chantent dans les profondeurs des cieux au centre desquels apparaît l'emblème de la Sainte Trinité.

Cette peinture, d'un caractère très religieux et cependant moderne, attire le regard par ses tons lumineux et variés. C'est, jusqu'à présent, la principale contribution de l'art italien à la nouvelle ornementation de la basilique [1].

La glorification de Marie par les litanies devait trouver ici sa place, et cette place ne pouvait être choisie plus convenable. En effet, des liens étroits rattachent à Lorette cette prière si populaire. Sans vouloir rechercher l'origine assez difficile à préciser des litanies de la Sainte-Vierge [2], disons seulement que les formules s'en étant multipliées, et quelques-unes péchant sous le rapport de l'orthodoxie, le pape Clément VIII, par une constitution du 6 septembre 1601, décréta la suppression de toutes les litanies en usage. Étaient seules exceptées les litanies des Saints [3] contenues dans les livres liturgiques, et celles qui étaient en usage dans la sainte Maison de Lorette. Ces litanies que chantaient les pèlerins en se rendant à Lorette, qu'habituellement aussi l'on chantait dans la Sainte Maison, sont aujourd'hui récitées dans le monde entier et figurent dans tous les livres de piété sous le nom de Litanies de Lorette, qui leur est resté, ou simplement de Litanies de la Sainte-Vierge [4].

La chapelle du bras de droite (*plan* E) est aujourd'hui

1. Je mets à part, comme il convient, le rôle considérable et prépondérant de l'architecte, le commandeur Sacconi, qui non seulement dirige le tout, coordonne et harmonise les parties, mais encore fournit pour les détails de nombreux projets personnels : la restauration de la basilique de Lorette lui appartient en propre. L'admission de représentants d'écoles étrangères et l'indépendance qui leur est laissée n'ôtent rien à son mérite ; bien au contraire, elles témoignent de la largeur de vues de cet artiste distingué.

2. Les personnes que cette question intéresserait la trouveraient traitée savamment dans *le Canoniste contemporain*, juillet 1897.

3. Ferrari. *Bibliotheca canonica*, au mot *Litaniæ*, § 11.

4. On trouve en quelques endroits d'autres formules de litanies : par exemple celles d'Aquila, qui furent récitées à Venise jusqu'en 1807 (le texte en est imprimé dans le *Hierolexicon S. R. C.* Savone, 1852, au mot *Litania*), ou celles qui furent approuvées pour le Pérou par Paul V et que l'on peut lire dans le *Dictionnaire des pèlerinages* de Sivry et Champagnac. Appendice II *Encyclopédie théologique* de Migne. T. XLIII).

dédiée à saint Joseph ; elle est terminée. On l'appelle aussi Chapelle Espagnole, parce que ses sculptures ont été exécutées aux frais de catholiques d'Espagne et sont l'œuvre d'un artiste de ce pays, Henri Barron, pensionnaire de l'Académie espagnole à Rome. Ce sont : la statue en marbre de saint Joseph, plusieurs figures de l'autel, et deux bas-reliefs dont l'un représente la proclamation par Pie IX du Protectorat de saint Joseph, et l'autre, l'extension de son culte procurée par le zèle de sainte Thérèse.

Les peintures de cette chapelle sont d'un peintre italien.

La chapelle du fond de la basilique (*plan* A) sera le chœur des chanoines ; l'ornementation en est exécutée aux frais et par les soins de l'Allemagne catholique.

Le peintre, M. Louis Seitz, né à Rome de parents allemands, est, en même temps qu'un fervent chrétien, un artiste de grand talent ; il vient de terminer au Vatican, par les ordres de Léon XIII, la restauration des fresques du Pinturicchio dans les appartements Borgia. Le Souverain Pontife lui a conféré le titre de Conservateur des palais pontificaux.

Son œuvre à Lorette sera certainement très remarquée. C'est tout l'enseignement doctrinal de l'Église relatif à la sainte Vierge qu'il a cherché à exprimer sur les murs de sa chapelle, et cela dans le style allemand d'Albert Durer (quinzième et seizième siècles). Ce travail est très avancé.

La troisième chapelle (*plan* F), celle du croisillon de gauche, a été affectée à la France : elle sera la chapelle du Saint-Sacrement et sera dédiée à saint Louis. Avant d'en parler plus longuement, disons, pour ne rien omettre d'important, que les catholiques d'autres nations ont réclamé l'honneur d'avoir leur chapelle à Lorette. A côté de la Chapelle Française, celle des Slaves (*plan* S) a déjà reçu une partie de son ornementation, des revêtements en marbre et un autel surmonté d'un triptyque dont les peintures sont dues à M. le comte Stanislas de Witten. Plus récemment, deux autres chapelles, voisines du nouveau chœur des chanoines, ont été attribuées à la Belgique et à la Hongrie.

III

LA CHAPELLE SAINT-LOUIS-DES-FRANÇAIS

Mes lecteurs, s'ils ont bien voulu suivre les explications précédentes, savent maintenant s'orienter dans la basilique de Lorette ; ils savent surtout retrouver sans hésiter la Chapelle Française. C'est la chapelle centrale du croisillon de gauche, de ce que l'on peut appeler encore transept gauche. Des deux absidioles qui lui sont contiguës, l'une, à droite, est la Chapelle Slave ; l'autre, à gauche, sert de passage pour entrer dans les sacristies.

Nous ne nous en éloignerons plus désormais.

Pour la mieux faire connaître, donnons d'abord ses mesures. Quelques chiffres sont nécessaires ; je tâcherai de n'en pas abuser. Largeur 9 mètres, profondeur 11 mètres, hauteur 17 mètres ; telles sont, en chiffres ronds, les trois dimensions de notre chapelle. Deux comparaisons achèveront de fixer les idées : les premières chapelles des bas côtés de l'église Saint-Sulpice à Paris, mesurées de la même manière, donnent : 7^m, $4^m,50$ et 9^m ; celles des bas côtés de Notre-Dame, 5^m, 5^m et 11 mètres.

Il y a donc, à Lorette, à peu près deux fois la hauteur des premières et deux fois la largeur et la profondeur des secondes. Il y a, à Lorette, environ 100 mètres carrés, c'est-à-dire trois fois la superficie d'une chapelle de Saint-Sulpice, quatre fois celle d'une chapelle de Notre-Dame.

L'excédent de la hauteur augmente en proportion la surface des murs à décorer qui, en y comprenant les voûtes, dépasse 400 mètres carrés.

Comme nos églises nationales à Rome et à Gênes, comme celle de Moscou, comme celles de Madrid et de Lisbonne, ce sera Saint-Louis-des-Français. Justifié partout, ce vocable l'est ici d'une manière très spéciale.

Partout ailleurs, en effet, on honore en saint Louis le plus saint représentant de notre monarchie chrétienne ; mais ici, auprès de la Sainte Maison, ce sera au héros des croisades, au pieux pèlerin de Nazareth que s'adresseront nos hommages.

Tout est connu, de la part que prit saint Louis aux deux dernières croisades ; le raconter ici serait surcharger ces pages d'inutiles redites.

Son pèlerinage à Nazareth est sans doute moins présent au souvenir d'un grand nombre. En raison de son importance dans le sujet qui nous occupe, on me permettra d'en donner le récit, avec quelques détails, en l'empruntant surtout aux historiens du temps.

C'était durant sa première croisade. Après avoir, le jour même de son départ, entendu la messe à Notre-Dame de Paris, saint Louis s'était embarqué pour la Terre Sainte. On sait ce qui suivit : le débarquement en Chypre, l'arrivée en Égypte, la prise de Damiette, le désastre de la Massoure, et la retraite durant laquelle le roi fut fait prisonnier.

Bientôt délivré de sa captivité, le pieux monarque « apparaissait plus grand après ses revers ; car, à ses vertus héroïques et guerrières, à son dévouement pour son peuple, s'ajoutait ce je ne sais quoi d'achevé que le malheur donne à la vertu. Ému de compassion pour les chrétiens qui habitaient la Terre Sainte, il renonça au bonheur qu'il aurait eu de revoir la France immédiatement après sa délivrance, et demeura plusieurs années dans les lieux sanctifiés par la présence du Sauveur, afin d'y délivrer les captifs, de convertir les infidèles, de fortifier les villes que les Sarrasins n'avaient pas enlevées. C'est dans cet intervalle qu'il visita Nazareth [1] ».

Voici le récit que Guillaume de Nangis nous donne de ce pèlerinage [2].

---

1. Son Éminence le cardinal Richard. (Lettre aux évêques de France, du 25 mars 1894).

2. *Vie et vertus de saint Louis*, d'après Guillaume de Nangis. Texte établi

« Le roi Louis voulut profiter de son séjour outre-mer pour faire un pèlerinage à la cité de Nazareth, où habita Notre Seigneur Jésus-Christ pendant son enfance. Ce voyage s'accomplit avec la piété que le roi montrait dans tous les actes de sa vie[1].

« Le roi partit d'Acre et vint à Séphoris, ville située sur une des montagnes de la Galilée où Notre-Seigneur changea l'eau en vin au repas des noces de Cana ; à partir de cet endroit, il revêtit une haire, placée immédiatement sur la peau, et arriva la veille de l'Annonciation de Notre-Dame, par le mont Thabor, à la cité de Nazareth.

« D'aussi loin qu'il aperçut la cité, il descendit de son cheval, s'agenouilla en terre dévotement et adora Notre-Seigneur. Il alla ensuite, à pied, depuis la ville jusqu'au lieu où naquit Notre Seigneur Jésus-Christ, et jeûna au pain et à l'eau, bien qu'il fût très fatigué de la route. Les actes de dévotion du bon roi, les messes solennelles, les offices et cérémonies qu'il fit célébrer en grande pompe, avec accompagnement d'orgue et de chants[2], rendirent ce jour, de

par René de Lespinasse, ancien élève de l'École des Chartes. Paris, 1877. chapitre XLI.

1. « Durant ce repos forcé, le roi n'oubliait pas les obligations du pèlerin. Privé d'aller dans la ville où Jésus-Christ était mort, il voulut visiter au moins celle où il s'était incarné pour nous, et, la veille de l'Annonciation (24 mars 1251), il partit de Séphora (l'ancienne Diocésarée), où il avait couché, et prit la route du mont Thabor et de Nazareth. De si loin qu'il put voir ce lieu sacré, il descendit de cheval, et, se mettant à genoux, il adora : puis, il se rendit à pied dans l'humble et sainte ville, entra dans le lieu consacré par le souvenir de l'Incarnation, y fit célébrer avec grande pompe la solennité du jour, et le lendemain y communia. » (Wallon, *Saint Louis*, ch. XI.) — Michaud, dans son *Histoire des Croisades* (livre XVI), relate aussi ce pèlerinage.

2. M. Wallon relève ainsi ce détail : « Dans les cérémonies religieuses qu'il aimait tant, il faisait appel à toutes les ressources nouvelles de la musique. Sa chapelle donnait en quelque sorte le ton aux autres et, durant la croisade, au milieu des misères de son séjour en Terre Sainte, il avait des musiciens pour rehausser le culte qu'il rendait au Seigneur. Même dans son pèlerinage de deux jours à Nazareth, *il fit chanter la messe et solennellement glorieuses vêpres et matines à chant et à déchant, à ogre* (orgue) *et à trèbles* (le mot in-

l'aveu des assistants, le plus beau de tous, depuis l'époque où le Fils de Dieu, prenant incarnation en sa glorieuse Mère, les anges en firent l'annonciation à la sainte Vierge Marie.

« Le bon roi reçut très pieusement.le corps de son Sauveur, et s'en retourna à Jaffa, où il séjourna très longtemps. »

De son côté, Pierre Mathieu, conseiller royal et historien, raconte que saint Louis « reçut la sainte Eucharistie dans la véritable chambre où la Vierge Marie, Notre-Dame, avait été saluée par l'ange ».

Enfin Geoffroy de Beaulieu, confesseur du roi, dit qu'après avoir entendu la messe dans le lieu de l'Incarnation, il se rendit à la basilique, y fit célébrer l'office du jour, et que Odon de Tusculum[1], légat du Saint-Siège, chanta la messe au maître-autel d'où il prononça une allocution pleine de chaleur.

Tel fut, en l'an de grâce 1251, le pèlerinage de saint Louis à la vénérable Maison de Nazareth.

On ne saurait s'étonner, après cela, qu'on ait longtemps parlé à Lorette d'une peinture[2] antérieure, assurait-on, à la translation miraculeuse de cette sainte Maison, et dans laquelle le pieux monarque était représenté offrant à Marie les chaînes de sa captivité.

On ne s'étonnera pas non plus que, de nos jours encore, sa fête soit solennellement célébrée dans la basilique. Des honneurs spéciaux sont rendus à cette occasion aux représentants de la France, et l'on expose, pendant l'octave de la fête, un grand portrait du saint roi, œuvre, dit-on, de Lebrun, qui durant le reste de l'année demeure suspendu contre le mur du transept de droite[3].

---

dique ici un instrument à cordes), *comme le témoignent ceux qui y furent*, dit Guillaume de Nangis. » (Wallon, *Saint Louis*, ch. xix.)

1. Messire Eudes de Châteauroux, cardinal-évêque de Tusculum, légat du Pape.

2. J'ignore si elle existe encore.

3. Le cadre de ce tableau, orné d'enroulements dans le style Louis XIV, a une véritable valeur artistique : il vient d'être remis à neuf par les soins de Mgr de Marsy.

La chapelle dédiée à *saint Louis* sera aussi la *Chapelle du Très-Saint-Sacrement*.

C'est même en raison de cette destination que l'on a suspendu devant son entrée un grand lustre en bronze dont les torches sont portées par des anges qui sortent de cornes d'abondance, œuvre remarquable des frères Lombardi au seizième siècle[1].

On sait ce que comporte le titre de chapelle du Saint-Sacrement.

Suivant une règle liturgique dont, de plus en plus, on tend à se rapprocher dans les principales églises de France, le Très Saint Sacrement, dans les basiliques italiennes, n'est pas ordinairement conservé au maître-autel. Une chapelle spéciale lui est réservée.

Au maître-autel ont lieu les grandes fonctions, les expositions et les bénédictions solennelles. La chapelle du Saint-Sacrement, c'est la résidence ordinaire, c'est comme l'appartement privé de Jésus Hostie.

C'est là qu'à toute heure, il reçoit les adorations de ses visiteurs. Les fidèles et les prêtres qui entrent dans le temple se dirigent d'abord vers l'autel du Saint-Sacrement : avant toute autre affaire, ils vont saluer le Maître. Un prie-Dieu, assez large pour que plusieurs personnes puissent s'y agenouiller, est placé devant cette chapelle et la signale de loin. Même dans les églises dépourvues de bancs ou de chaises, on trouve ce prie-Dieu.

C'est là aussi que se distribue la sainte Communion, et dans un sanctuaire aussi fréquenté, les demandes sont nombreuses et les distributions souvent renouvelées[2]. A certains jours de pèlerinages, ce sont des foules qui se présentent.

---

1. De 1547 à 1550. Ce lustre était auparavant devant la chapelle du chevet dans laquelle, comme je l'ai dit, le Saint Sacrement était alors conservé.

2. J'en ai été témoin un dimanche ordinaire du mois d'octobre. La table de communion, assez grande cependant, se remplissait toutes les cinq ou dix minutes. Un religieux capucin, qui se tenait auprès, revêtait alors l'étole et distribuait la sainte Eucharistie.

C'est là enfin qu'ont lieu les expositions ou les bénédictions du Saint Sacrement, lorsque leur solennité ne requiert pas l'immensité de la basilique entière.

Orner la chapelle Saint-Louis-des-Français, en faire un digne reposoir du Très Saint Sacrement, telle est la charge toute d'honneur que S. Gr. Mgr Tommaso Gallucci a demandé aux catholiques français de vouloir bien assumer.

Saluons, puisqu'il revient encore une fois dans ces pages, le nom de ce pieux évêque, à qui appartient le mérite d'avoir entrepris la grande œuvre de la restauration de la basilique de Lorette. Dieu semble l'y avoir prédestiné en le conservant à son église pendant trente ans : c'est l'un des plus longs pontificats qu'ait connus le siège de Lorette[1].

Son successeur, Mgr Guglielmo Giustini, a hérité de son zèle. Il appelle de tous ses vœux la réalisation des espérances qu'avait conçues le vénérable défunt, et des promesses qu'il avait reçues.

---

1. De 1867 à 1897. Un seul l'a dépassé, celui de Mgr Lorenzo Gheraldi, qui dura trente-quatre ans, de 1693 à 1727. Aucun autre ne l'a atteint.

IV

L'ŒUVRE. — SES DÉBUTS

C'est sous le patronage de S. Ém. le cardinal Langénieux, archevêque de Reims, que fut placée, tout d'abord, l'œuvre de la Chapelle Française à Lorette.

C'était justice. Cette œuvre est à la fois catholique et nationale : l'éminent prélat, grâce à qui la France possède une chapelle nationale dans la basilique de Saint-Pierre de Rome [1], devait y attacher son nom ; elle intéresse à la fois la France et les Lieux Saints : le légat du Saint-Siège au Congrès de Jérusalem était désigné pour l'inaugurer.

Par ses soins, un comité fut constitué à Rome, sous la présidence du R. P. Eschbach, supérieur du Séminaire français. Ce comité, aidé du concours d'un ardent propagateur du culte de Notre-Dame de Lorette, le R. P. de Malaga, capucin [2], recueillit les premières souscriptions et donna à l'entreprise son impulsion initiale.

Cependant l'on comprit bientôt que, pour être plus efficace en France, cette impulsion devait partir de la capitale de la France, de Paris, le « centre où viennent aboutir les généreuses entreprises [3] ». L'éminent cardinal de Reims et plusieurs autres évêques sollicitèrent S. Ém. le Cardinal-Archevêque de Paris de s'en charger, et celui-ci ne crut pas pouvoir refuser l'invitation qui lui était faite [4].

Pour donner à l'œuvre une publicité suffisante, Son Émi-

1. S. Ém. le cardinal Langénieux a naguère revendiqué et obtenu la reconnaissance des droits séculaires de la France sur la chapelle de Sainte-Pétronille : elle est située dans le transept gauche de la basilique vaticane.

2. Directeur général de la Congrégation Universelle de la Sainte-Maison, dont il sera parlé à la fin de cette notice.

3. Lettre de S. Ém. le cardinal Richard, du 25 mars 1894.

4. *Ibid.*

nence écrivit trois lettres : deux à NN. SS. les Évêques de France[1], et une à MM. les Curés de Paris[2].

Cet appel fut entendu. Des souscriptions furent envoyées ; les listes en furent insérées dans la *Semaine religieuse* de Paris. Joint aux sommes réunies par le P. de Malaga et le Comité de Rome, le total s'éleva rapidement à 50 000 francs.

C'était assez pour commencer les travaux.

En même temps, Son Éminence nommait un comité chargé de gérer la souscription et de pourvoir aux moyens d'exécution. Ce comité, dont le Cardinal-Archevêque se réserva la présidence, était ainsi composé :

Le R. P. Bailly, supérieur des Augustins de l'Assomption ;

M. l'abbé Caillebotte, curé de Notre-Dame de Lorette ;

M. le comte Henri Delaborde, secrétaire perpétuel de l'Académie des Beaux-Arts ;

M. l'abbé Fages, vicaire général ;

M. l'abbé Le Rebours, curé de la Madeleine ;

M. Roland-Gosselin, agent de change honoraire ;

M. le comte de Vorges, ancien ministre plénipotentiaire[3].

Dès sa première réunion, ce comité tint à affirmer le caractère national de l'œuvre entreprise. Pour que la chapelle de Saint-Louis-des-Français fût digne de ce nom, il ne suffisait pas que la décoration en fût exécutée au moyen d'une sous-

1. 25 mars et 10 décembre 1894 ; cette dernière à l'occasion de ses noces d'or.

2. 19 mai 1894.

3. Depuis cette époque, le Comité a été augmenté de deux membres ; deux autres ont remplacé MM. Le Rebours et Caillebotte, décédés. Il se trouve maintenant composé de : Son Éminence le Cardinal, *président;* M. le comte Delaborde, *vice-président;* M. l'abbé Fages, archidiacre ; M. l'abbé Pousset, archiprêtre de Notre-Dame ; le R. P. Bailly ; M. l'abbé Dillenséger, curé de Notre-Dame de Lorette ; M. l'abbé Quignard, curé de Saint-Louis d'Antin ; M. Rolland-Gosselin ; M. le comte de Vorges ; M. l'abbé Delaage, directeur de la maîtrise de Notre-Dame, *secrétaire.* Ce Comité a, de plus, appelé dans son sein, à titre de conseil, divers artistes, parmi lesquels M. Guillaume, directeur de l'École française de la villa Médicis, à Rome, récemment élu membre de l'Académie française, doit être spécialement remercié pour son bienveillant concours. Les avis de M. Chédanne, architecte du ministère des Affaires étrangères, ont aussi été appréciés.

cription française, il fallait aussi qu'elle fût un spécimen de notre art religieux contemporain. Il fut donc bien entendu que ce travail serait confié à un peintre français, et bientôt le Comité dut s'occuper de désigner celui qui en serait chargé.

Un nom fut aussitôt prononcé : celui de M. Charles Lameire, membre de la Commission des Monuments historiques et auteur de nombreuses peintures murales.

Cet artiste éminent occupe une place à part dans la décoration monumentale ; en disant qu'il y est hors de pair, je ne ferai que recueillir un mot que prononça un jour une bouche autorisée entre toutes.

Si l'on voulait établir des comparaisons, on pourrait, sans témérité, rapprocher le nom de l'auteur du *Catholicon* de ceux de Flandrin et de Puvis de Chavannes ; mais il n'est pas moins vrai de dire que le talent de M. Lameire est très personnel, et que le genre où il excelle lui appartient en propre.

Ce genre, il l'a fait connaître au public dans l'œuvre que je viens de rappeler, le *Catholicon*, qui figura à l'Exposition universelle de 1867.

C'est le projet d'une basilique idéale, richement décorée. On y voit se développer, dans de grandes fresques, une sorte de synthèse du catholicisme : le triomphe de la Religion et l'hommage rendu au Christ vainqueur par l'histoire des nations chrétiennes.

On remarque dans ces peintures des attitudes hiératiques qui, nobles et majestueuses, gardent pourtant le naturel ; un coloris dont la richesse est contenue, dont la fermeté ne va jamais à la dureté. La science, toujours présente, s'y abrite derrière une simplicité voulue ; un symbolisme ingénieux s'y appuie sur une connaissance exacte du passé. La couleur, dans une parfaite harmonie, s'y unit avec les lignes architecturales, les mettant en valeur, sans pourtant chercher à attirer le regard à leur détriment[1].

1. Les dessins du *Catholicon* sont conservés à la Bibliothèque de l'École des Beaux-Arts. On en a reproduit des fragments dans un certain nombre d'ouvrages illustrés : *Jésus-Christ*, par L. Veuillot. Firmin-Didot, 1877

Voilà, semble-t-il, ce qui caractérise la peinture monumentale de M. Lameire.

Le jury international de 1867 s'empressa de décerner le premier prix à l'auteur du *Catholicon*, et la croix de la Légion d'honneur rehaussa encore cette distinction.

Depuis cette époque, les plus habiles architectes ont tenu à s'assurer le concours d'un si précieux collaborateur.

Ses œuvres sont un peu partout : dans les monuments civils comme les palais de justice de Paris, de Rouen, de Dijon, et, à Paris, la salle des fêtes du Trocadéro, où il a fait la grande Marche des nations que tout le monde connaît; dans les cathédrales comme celles de Moulins et de Reims; dans les églises de la capitale comme Saint-François-Xavier, Saint-Sulpice, la Madeleine[1]; dans les sanctuaires des lieux de pèlerinage[2], tels que Sainte-Anne d'Auray en Bretagne, Notre-Dame-de-la-Garde à Marseille, Notre-Dame de Fourvière à Lyon[3]; même dans le palais du Vatican.

C'est au Vatican que se trouve, en effet, au milieu de la salle de l'Immaculée-Conception précédant les *Stanze* de Raphaël, la Bibliothèque offerte à Pie IX par M. l'abbé Sire[4], avec la traduction, dans tous les idiomes connus, de la Bulle qui a défini le dogme de l'Immaculée-Conception. Les vitrines de ce meuble sont surmontées d'une frise où M. Lameire a peint sur cuivre une procession des peuples,

(p. 409 et 426); *Charlemagne*, par A. Vétault. Mame, 1877 (p. 454); *la France et le Sacré Cœur*, par le P. V. Alet. Dumoulin, 1889 (p. 165); *Jeanne d'Arc*, par H. Wallon. Firmin-Didot, 1892 (p. 155 et 532); *Saint Louis*, du même auteur. Mame, 1892 (p. 404); *De la Consécration épiscopale*, par Christian de France. Dumoulin, 1893 (p. 17).

1. M. Lameire est l'auteur des grandes mosaïques de l'abside.

2. Lors du concours pour l'église du Vœu national au Sacré Cœur, le projet de MM. Davioud et Lameire obtint le second prix.

3. M. Lameire est chargé de faire, dans la nouvelle basilique de Fourvière, de grands panneaux en mosaïque : le premier en cours d'exécution représente la bataille de Lépante.

4. Bien des personnes l'ont vue à l'Exposition universelle de 1878, où elle figura. La salle de l'Immaculée-Conception a été reproduite dans *le Vatican*, de G. Goyau, etc. Firmin-Didot, 1895 (p. 217).

partant du concile d'Ephèse pour aboutir au trône de Pie IX, et faire hommage au pontife des volumes traduits par chaque nation.

Précédé de pareils titres, le nom de M. Lameire, est-il besoin de le dire, obtint l'unanimité des suffrages. L'artiste de son côté accéda aux désirs du Comité et bientôt après il se mettait en route pour faire à Lorette des études préliminaires.

C'était en 1895. Quelques mois plus tard, il soumettait au Comité un projet : des dessins[1] détaillés et une maquette représentant en réduction la chapelle, telle que son imagination la voyait par avance, lorsqu'il en aurait achevé la décoration.

Le Comité, après avoir entendu des hommes compétents, approuva sans restriction ce projet et le fit sien. Dès le printemps suivant, l'exécution commença. Et depuis, M. Lameire a passé chaque année à Lorette les mois d'été poursuivant avec ses élèves l'œuvre à laquelle il a attaché son cœur. Quelqu'un qui l'y a surpris, en plein travail, le pinceau à la main, lui a rendu ce témoignage : « Il a composé son plan avec son esprit d'artiste, l'a mûri avec son cœur de Français, et il l'exécute avec son âme de chrétien[2]. »

Mais n'anticipons pas sur le chapitre suivant, qui sera consacré à une description détaillée, et terminons celui-ci en exprimant la reconnaissance du Comité pour les concours obligeants que M. Lameire a trouvés à Lorette.

J'ai parlé déjà de Mgr l'Évêque, du R. P. de Malaga, de l'architecte, M. Sacconi, des peintres Maccari et Seitz ; ils ont fait à l'artiste français le plus sympathique accueil. Il n'est que juste d'ajouter à ces noms celui de Mgr Andrenelli[3], primicier du chapitre et custode de la Sainte Maison, très dévoué lui aussi à l'œuvre de la *Chapelle Française*.

---

1. Ils ont été exposés au Salon de 1898.

2. L'abbé Casabianca, *France et Lorette*, déjà cité.

3. Qu'il veuille bien recevoir ici les remerciements des deux pèlerins français qu'il accueillit si gracieusement au mois d'octobre 1897.

V

L'ŒUVRE. — LES PEINTURES DE M. LAMEIRE

Les peintures de M. Lameire sont en partie exécutées : le meilleur moyen de les connaître est donc de visiter notre chapelle. Toutefois, avant d'entreprendre cette visite à laquelle je convie les lecteurs qui veulent bien m'accompagner, il est bon de nous renseigner auprès de l'artiste, sur l'idée maîtresse qui l'a guidé dans le choix des sujets et l'ordonnance des détails.

On lit dans la brochure du R. P. Eschbach que j'ai citée au commencement de cette étude : « A Rome, l'histoire de la France se confond avec celle de la Papauté ; à Lorette, elle remonte aux croisades. »

De cette pensée si juste, M. Lameire s'est inspiré : il lui a semblé qu'entre saint Louis et la France d'une part, la Sainte Maison et Nazareth de l'autre, les croisades françaises formaient un lien indiqué par l'histoire.

Il a jugé aussi que pour exprimer pleinement le vocable de *Saint-Louis-des-Français*, il convenait de rappeler les destinées chrétiennes de la France aimée du Christ.

Sa décoration s'inspirera donc de ces trois pensées :

> Saint Louis ;
>
> Les Croisades ;
>
> La France chrétienne.

Mais les deux dernières seront, comme il convient, subordonnées à la première.

La figure de saint Louis gardera la place d'honneur ; ce n'est pas assez dire : la vérité est que son souvenir sera partout. On le retrouvera dans les scènes de sa vie, on le retrouvera dans les images des saints de sa famille. Mille détails le rappelleront : pour lui seront multipliés les fonds bleus et les fleurs de lis empruntés aux armes des rois ses aïeux, comme aussi les fonds rouges et les tourelles tirés du blason de Blanche de Castille, sa mère. C'est dans l'unité de ce cadre et dans une harmonie colorée, rappelant, selon le désir du Comité, celle de la Sainte Chapelle de Paris, qu'apparaîtront d'autres figures personnifiant l'épopée des croisades dont saint Louis fut le preux chevalier, et la « doulce France » qu'il fit si chrétienne.

La décoration des murs et des voûtes de la Chapelle Française comprend quatre zones. En bas, un revêtement en marbre s'élevant depuis le sol jusqu'à l'appui des fenêtres; au-dessus, trois grands tableaux historiques ; dans les tympans, douze figures de saints assis dans des chaires ; enfin, se détachant sur le ciel des voûtes, des anges qui tiennent les instruments de la Passion du Rédempteur des hommes.

Commençons notre examen par ces voûtes.

Huit grosses nervures les partagent en un égal nombre de compartiments de forme triangulaire. C'est dans ces compartiments que, se souvenant de la chapelle de Jacques-Cœur à Bourges, M. Lameire a placé les insignes de la Passion portés par des anges.

C'était en même temps rappeler le pieux roi saint Louis, si dévot aux reliques de la vraie Croix et de la Couronne d'épines, n'épargnant rien pour se les procurer, et construisant pour elles le splendide reliquaire qui est la Sainte Chapelle.

Une extrême richesse règne dans cette région supérieure. Le fond bleu est semé d'étoiles. Mais l'artiste a dédaigné les semis réguliers ; il a voulu peupler son ciel à l'image de celui du Créateur, et y a jeté dans un désordre savant des étoiles de grandeurs variées.

Les anges, à la blonde chevelure se détachant sur des nimbes d'or, sont revêtus de robes blanches relevées d'or ; leurs ailes sont nuancées de bleu et de rose. Leurs attitudes et les traits de leurs visages expriment la douleur et le respect.

Si nous commençons notre visite par le côté qui se trouve

à notre droite en entrant dans la chapelle, nous rencontrerons ces compositions dans l'ordre suivant :

1° Un ange portant l'inscription : *Jesus Nazarenus, Rex Judæorum*. Un autre personnage non nimbé la soutient avec lui.

2° Un ange portant la colonne de la flagellation.

3° Un ange portant la lance, le roseau et l'éponge.

4° Au chevet de la chapelle, un ange présentant le calice des douleurs. Au-dessous, sur une banderole, l'inscription : *Non mea, sed tua voluntas fiat*. Cette banderole entoure des rameaux d'olivier, en souvenir du jardin de Gethsémani.

5° Une ange portant l'échelle.

6° Un ange portant la couronne d'épines.

7° Un ange tenant étendu le voile sur lequel est imprimée la sainte Face ; à côté de lui, un second personnage non nimbé exprime par son attitude l'adoration et la compassion.

8° La huitième composition est la plus importante : elle est placée au-dessus de l'entrée de la chapelle. Quatre anges soutiennent la croix du Sauveur ; le respect a mis dans leurs mains des linges blancs pour toucher ce bois sacré.

La croix est décorée d'enroulements formés de branches de vigne portant leurs grappes ; au centre, sept épis de blé sont réunis en faisceau : ainsi sont rappelés le pain et le vin du sacrifice eucharistique. Les branches de la croix se terminent chacune par un fleuron à quatre lobes ; dans ces fleurons sont représentés les quatre animaux de l'Apocalypse, symboles traditionnels des Évangélistes, dont la lettre initiale est inscrite au-dessous. Le lion de saint Marc et le bœuf de saint Luc terminent les deux extrémités de la traverse ; saint Mathieu est à la base, saint Jean aux sublimes visions occupe le sommet de la croix.

Enfin, derrière le centre de la croix, un nimbe d'or envoie dans tout le ciel des rayons flammés.

Chacun des compartiments triangulaires de la voûte est entouré d'une large bordure formée de bandes encadrant

des panneaux maïs ; ces panneaux contiennent des nielles
en coloris et sont séparés deux à deux par des médaillons
plus petits. Un damier d'or relie cette bordure, d'un côté aux
nervures de la voûte, de l'autre à des dentelures également
d'or qui se profilent sur le ciel étoilé.

Les nervures elles-mêmes ont reçu la décoration qui leur
convenait. Elle consiste en tours de Castille sur fond rouge,
interrompues de distance en distance par des bracelets bleus
fleurdelisés. En arrivant vers la clef centrale, un bracelet
plus riche enserre des nielles d'or.

Les voûtes, par leur intersection avec les murs verticaux,
déterminent à la partie supérieure de ceux-ci des espaces
en forme d'ogive que lés architectes appellent *tympans*, et
dans lesquels M. Lameire a placé les douze saints dont la
réunion forme la seconde zone de la décoration : tels les
Vieillards de l'Apocalyse entourant le trône de l'Agneau.

Si, nous arrêtant sur le seuil de la chapelle, nous levons
la tête vers la droite, nous verrons au centre du premier
tympan un pape français, Urbain II ; à sa droite, saint Denys,
premier évêque de Paris ; à sa gauche, saint Remi de Reims.

En face, dans le premier tympan de gauche, un autre pape
français, Urbain V, est entouré par le saint évêque François
de Sales, docteur de la vie ascétique, et par saint Bernard,
fondateur de l'abbaye de Clairvaux.

Le second tympan de droite est occupé par la reine sainte
Clotilde, épouse de Clovis qu'elle amena au culte du vrai
Dieu, et par saint Martin de Tours, l'illustre thaumaturge
des Gaules [1].

Du côté gauche, sainte Geneviève, la libératrice de Paris, et

---

1. Il est à bon droit considéré comme un des patrons de la France, dont
il a parcouru presque toutes les provinces. C'est par milliers que lui sont
consacrées les églises et les chapelles. Son culte passa les monts. On est surpris de voir, dès le sixième siècle, à Ravenne, son image reproduite dans la
mosaïque de Saint-Apollinaire, où, seul confesseur, il tient la tête d'une
longue procession de martyrs. Cette église lui fut même d'abord dédiée, ce
qui implique un culte populaire.

saint Vincent de Paul, le patron des œuvres charitables, leur
font face.

Enfin, dans le tympan du fond de la chapelle, saint Louis
est rappelé par deux saints qui lui étaient unis par les liens
du sang : sa propre sœur, la bienheureuse Isabelle, fondatrice de l'abbaye de Longchamps [1], et son petit-neveu, saint
Louis, évêque de Toulouse, de l'Ordre des Frères Mineurs.

Il convient de rapprocher de ces douze saints six autres
personnages représentés à mi-corps dans des médaillons
placés au-dessus des fenêtres et dans leurs ébrasements.
Au-dessus de la fenêtre de droite, Jeanne d'Arc, que l'Église
nous permet de nommer Vénérable ; dans l'ébrasement, la
bienheureuse Marguerite-Marie Alacoque et sainte Germaine Cousin, la jeune bergère de Pibrac. Au-dessus de la
fenêtre de gauche, saint Landry, évêque de Paris, fondateur
de l'Hôtel-Dieu ; dans l'ébrasement, sainte Jeanne-Françoise
de Chantal, et la vénérable Louise de Marillac, fondatrices,
l'une de l'ordre de la Visitation, l'autre de la Compagnie
des Filles de la Charité.

Peut-être dans cette glorieuse phalange quelque visiteur
cherchera en vain un saint qu'il y voudrait rencontrer : qu'il
ne s'en attriste pas.

Certes l'hagiographie de l'Église de France est assez
riche pour que l'on eût pu y faire d'autres choix, et l'on
trouverait sans peine des noms de saints qui auraient figuré
ici à titre égal.

Le grand nombre fait l'embarras du choix, et l'on n'a pas
prétendu élever au-dessus des autres ceux qui viennent
d'être nommés.

---

1. Le saint roi aida sa sœur dans cette fondation. On raconte à leur sujet
ce trait charmant : « Saint Louis, suivant la permission que le Pape lui avait
donnée, et qui était même insérée dans la Règle, entra dans le monastère
avec un petit nombre de personnes choisies, et s'étant assis dans le chapitre
sur un banc, au milieu de toutes les religieuses, il leur fit lui-même une
exhortation très belle et très pressante sur leur état et sur la perfection de la
vie spirituelle ; de quoi sœur Isabelle de France le remercia très humblement, l'appelant notre très révérend et saint père, Monseigneur le Roi. »
(*Petits Bollandistes*, X, p. 369.)

De pareils différends sont d'ailleurs prévus par l'auteur de
l'*Imitation*, qui les tranche en ces termes : « Ne disputez pas
des mérites des saints, ne recherchez point quel est le plus
grand dans le royaume des cieux. Ces recherches produi-
sent souvent des différends et des contestations inutiles,
celui-ci préférant tel saint, celui-là tel autre. L'examen de
pareilles questions, loin d'appeler aucun fruit, déplait aux
saints [1]. »

Hâtons-nous d'ajouter, du reste, que si l'on eût pu trouver
aussi bien (et c'est déjà accorder beaucoup), il eût été difficile de trouver mieux et de résumer avec plus de bonheur
ces deux grandes choses : les bénédictions de Dieu sur le
pays de France, et les gloires de la France chrétienne; les
bénédictions de Dieu rappelées par l'évangélisation des
Gaules, le baptême de la nation des Francs, les libérations
providentielles, les révélations du Cœur de Jésus préludant
aux apparitions de la Vierge Immaculée ; la France repré-
sentée par les papes et les évêques qui l'ont illustrée, par
les ouvriers de l'Évangile, docteurs, prédicateurs et pas-
teurs des âmes, par ses grands thaumaturges, par ses saints
pris à tous les degrés de l'échelle sociale, par ses congré-
gations d'hommes et de femmes, par ses œuvres enfin,
œuvres de zèle comme les croisades, œuvres de prière et
de charité, plus nombreuses aujourd'hui que jamais.

Les vitraux de la chapelle et peut-être aussi l'autel fourni-
ront l'occasion de puiser encore dans la liste des saints de
France.

Le fond des tympans est d'un ton sourd, partagé en bandes
horizontales et semé de fleurs de lis.

Derrière les personnages, une draperie ornementale, d'un
ton vigoureux, est suspendue. Elle touche, par sa frange, à
un gradin de marbre blanc qui règne, comme elle, autour de
la chapelle, et sur lequel reposent les trônes des saints. Ces
trônes, revêtus de mosaïque, sont tous semblables, à l'excep-

1. *Imitation de Jésus-Christ*. Liv. III, ch. LVIII.

tion de ceux des deux papes, qui sont plus grands, et que surmonte un baldaquin.

Sous les pieds de chaque personnage, un tapis est étendu ; ces tapis sont variés. Ceux des deux souverains pontifes sont décorés d'œillets[1] ; ceux de la bienheureuse Isabelle de France, de saint Louis de Toulouse et de saint Remi ont reçu la fleur de lis, qui figure dans leurs armoiries ; sur d'autres apparaît le chêne des forêts mérovingiennes.

Au-dessous des tympans, et servant d'intermédiaire entre cette deuxième zone et la troisième, une grande frise relie tous les chapiteaux. Sur son fond bleu, une bande forme, par ses enroulements, des médaillons dans lesquels sont renfermées les armoiries des personnages placés au-dessus. Les médaillons sont séparés alternativement par la fleur de lis et les tours de Castille.

Entre cette frise et le degré de marbre, les noms des saints sont inscrits sur des cartouches.

Au-dessus des fenêtres, les figures de saint Landry et de Jeanne d'Arc sont contenues dans des cadres qui se détachent sur le fond sourd des tympans : ces cadres de forme ogivale sont dentelés et fleurdelisés.

Dans les ébrasements, des panneaux alternativement bleus et rouges, aux couleurs de saint Louis et de sa mère, sont formés par des bandes entre-croisées : à l'intérieur de ces panneaux, les rameaux du chêne de Vincennes encadrent des médaillons où sont la fleur de lis, les tours de Castille ; et la croix que le saint roi fit coudre sur les vêtements des chevaliers dans la nuit de Noël. D'autres panneaux contiennent les figures à mi-corps indiquées plus haut, et dans les intervalles se voit le chiffre de saint Louis enserré dans le cercle de la couronne royale.

Après cette revue d'ensemble, revenons à chaque personnage, dans l'ordre que nous avons adopté précédemment.

---

1. L'œillet est consacré à saint Pierre, d'après Viollet-le-Duc qui en a orné les murs de la chapelle du Prince des Apôtres à Notre-Dame de Paris.

I. — PREMIER TYMPAN A DROITE

1. Le *bienheureux Urbain II* est coiffé d'une tiare simple, bordée d'un seul cercle. (La tiare à trois couronnes, le *tirègne* ne fut en usage qu'au quatorzième siècle, peu de temps avant le pontificat d'Urbain V [1]). Le capuchon qu'il porte dessous rappelle son origine monastique. Le pallium dont il est revêtu indique sa juridiction universelle [2].

Sa main droite bénit ; sa main gauche repose sur un livre que ferme un signet en forme de croix, attribut qui convient au promoteur des croisades.

Ses armes sont : *d'argent, à l'aigle de sable, coupé de gueules, échiqueté d'or.*

2. *Saint Denys*, premier évêque de Paris, porte la mitre et le pallium. Il a dans la main une houlette surmontée du monogramme du Christ (la croix et la lettre grecque P [3]). La montagne qu'il soutient dans la main gauche est le *Mons Martyrum* (Montmartre).

Au-dessous sont les armoiries de la ville de Paris : *de gueules, à la nef d'argent voguant sur une mer du mesme flottée d'azur, au chef cousu de France.*

3. *Saint Remi* a également la mitre et le pallium. Il tient de la main droite la coquille baptismale, et de la main gauche une croix qui se termine par le monogramme du *Labarum.* Derrière son trône, on voit se profiler la cuve baptismale de Reims.

Le blason de la ville de Reims, placé au-dessous, est : *coupé, le chef de France, semé de lis d'or, la pointe d'argent à deux branches d'olivier enlacées de sinople.*

---

1. Rohault de Fleury, *la Messe, études archéologiques sur ses monuments,* t. VIII, p. 142 et suivantes.

2. « Le pallium qui, dans l'Église latine, désigne les métropolitains (à plus forte raison les papes), ou les évêques d'un siège immédiatement soumis à la Chaire de Saint-Pierre, se trouve quelquefois attribué à des personnages qui n'avaient pas ces titres. » Le P. Ch. Cahier, *Caractéristiques des Saints dans l'art populaire,* au mot : *Épiscopat.*

3. Martigny. *Dict. des Antiquités chrétiennes,* au mot : *Monogramme.*

II. — PREMIER TYMPAN A GAUCHE

1. Le *bienheureux Urbain V*, dont le portrait a été copié au Louvre, est coiffé du trirègne. Au pallium, l'artiste, cette fois, a joint l'éphod. Cet ornement du grand prêtre de la loi juive est souvent attribué aux papes, dans l'art symbolique, pour désigner la souveraineté du pontificat. Il en faut dire autant de la croix à trois branches que les héraldistes leur attribuent aussi, bien qu'ils n'aient pas coutume d'en faire usage[1].

Ses armes sont : *d'argent, à cinq pointes de gueules.*

2. Les ornements de *saint François de Sales* ont été copiés sur des modèles authentiques. La mitre, la croix pectorale, l'étole non croisée, la crosse, caractérisent l'évêque ; la plume que tient la main droite indique l'écrivain. Sous cette main sont placées les feuilles du *Traité de l'Amour de Dieu.*

Au-dessous sont les armes de la famille de Sales : *d'azur à deux fasces de gueules serties d'or, accompagnées d'un croissant d'or au chef et de deux étoiles aussi d'or, une en cœur et une en pointe.*

3. *Saint Bernard*, dans l'attitude de l'enseignement, est revêtu de la coule et du scapulaire monastiques ; la main gauche porte la crosse abbatiale, les pieds nus sont chaussés de sandales. Les traits de son visage reproduisent, comme pour saint François de Sales et saint Vincent de Paul, ceux qu'a fixés la tradition.

Les armes sont : *de sable, à la bande d'argent échiquetée de gueules.*

III. — DEUXIÈME TYMPAN A DROITE

1. *Saint Martin de Tours* soulève son manteau, en souvenir de son acte de charité si connu. Il a les mêmes insignes que les évêques précédents, mais sa main gauche porte le glaive en même temps que la crosse, pour rappeler qu'il fut soldat avant d'être évêque.

Le peintre a dû imaginer les armoiries qu'il lui a attri-

1. Le P. Ch. Cahier. *Caractéristiques des Saints,* aux mots : *Croix* et *Tiare.*

buées. Elles contiennent *la chape d'or et la crosse en pal du mesme*.

2. *Sainte Clotilde* a la couronne sur la tête et tient le sceptre de la main gauche.

Dans les armes que l'artiste a également composées, il a fait figurer la *sainte ampoule* du sacre des rois de France, qu'apporte du ciel *une colombe éployée*.

IV. — DEUXIÈME TYMPAN A GAUCHE

1. *Saint Vincent de Paul*, l'humble prêtre que Léon XIII déclarait naguère le Patron des Œuvres charitables, est revêtu du surplis. Les deux enfants qu'il tient dans ses bras et le berceau renversé sur lequel repose son pied, rappellent l'une de ses œuvres les plus populaires : celle des Enfants trouvés.

Il fallait trouver un blason pour l'humble saint qui n'en eut jamais. Le sceau qu'il approuva pour la Compagnie des Filles de la Charité l'a fourni [1] : un cœur d'où s'échappent des flammes en tous sens, et sur lequel se voit l'image de Jésus crucifié.

Rien ne convenait mieux que cet emblème de la charité divine à celui qui en fut l'imitateur et l'apôtre.

En *sainte Geneviève* on a voulu rappeler la bergère de Nanterre et la libératrice de Paris. La houlette déposée auprès d'elle, l'agneau couché à ses pieds caractérisent l'une; le geste qui repousse Attila et le pain destiné aux Parisiens affamés symbolisent l'autre.

Au-dessous sont placées les armes de l'antique cité, déjà décrites à propos de saint Denys.

---

1. C'est le sceau traditionnel de la Compagnie, avec lequel la vénérable Louise de Marillac commença à sceller ses lettres en 1644, c'est-à-dire seize ans avant la mort du saint. Ceux qui savent avec quelle pieuse déférence la fondatrice des Sœurs prenait en toutes choses les conseils de Monsieur Vincent penseront sans doute que, non seulement l'homme de Dieu approuva ce sceau, si conforme aux enseignements qu'il donnait à la servante de Dieu et aux premières sœurs, mais qu'il en indiqua probablement l'idée.

V. — TYMPAN DU CHEVET

1. La *bienheureuse Isabelle*, vêtue de la bure de sainte Claire[1], tient de la main droite une crosse fleurdelisée.

Son bras gauche soutient l'abbaye de Longchamps, dont elle fut la fondatrice.

Au-dessous, les armes : *de France ancien, d'azur, semé de fleurs de lis sans nombre.*

2. *Saint Louis de Toulouse* était, je l'ai dit, le petit-neveu de saint Louis ; il fut évêque de Toulouse et voulut, avant de recevoir la consécration épiscopale, réaliser le vœu qu'il avait formé depuis longtemps d'entrer dans l'ordre des Frères Mineurs.

C'est ce qu'expriment les pieds nus, le costume franciscain, la mitre, la chape et la crosse, et les fleurs de lis dont sont ornées ces deux dernières.

Au-dessous, les armes d'Anjou : *de France ancien, au lambel de gueules.*

Dans ce même tympan, au-dessus des deux figures, on lit l'inscription : *Vivat Christus qui Francos diligit*[2]. Cette acclamation de nos pères est bien à sa place au centre de cette décoration destinée à représenter la France chrétienne : elle rappelle en outre que récemment, dans une circonstance mémorable, le pape Léon XIII, qui a tant de fois exprimé son amour paternel pour la France, la donnait pour cri de ralliement aux Français du dix-neuvième et du vingtième siècle[3].

---

1. Il n'est pas probable qu'elle ait porté l'habit religieux. Mais elle vécut très humblement dans le monastère qu'elle avait fondé, et fut ensevelie avec l'habit religieux, ce qui suffit amplement pour autoriser les peintres à l'en revêtir.

2. « Vive le Christ qui aime les Francs ! »

3. Lettre à S. Ém. le cardinal Langénieux à l'occasion du quatorzième centenaire du baptême de Clovis, 6 janvier 1896. « Que tous les fils de la patrie française se rallient donc pour lutter ensemble contre les périls qui les menacent, et que le cri de la loi salique s'échappe de leurs poitrines, plus puissant que jamais : « Vive le Christ qui aime les Francs ! (*Vivat Christus qui*

VI. — FIGURES A MI-CORPS

1. *Saint Landry* a pour attribut, en outre de ses insignes épiscopaux, un bâtiment représentant l'Hôtel-Dieu dont il fut le fondateur. L'artiste, par un pieux anachronisme, s'est souvenu, en peignant son visage, des traits de l'archevêque actuel de Paris, S. Ém. le cardinal Richard.

2. *Jeanne d'Arc* est revêtue de la cuirasse et porte sa bannière. Autour de son image on ne voit, bien entendu, ni auréole, ni autre attribut exprimant la sainteté[1].

3. Il n'y a rien à dire au sujet des figures de la *bienheureuse Marguerite-Marie Alacoque*, de *sainte Germaine Cousin*, de *sainte Jeanne de Chantal* et de la *vénérable Louise de Marillac*, dite *Mademoiselle Legras*, du nom de son mari, si ce n'est que, pour les composer, M. Lameire s'est soigneusement inspiré des portraits connus et des costumes traditionnels.

Ajoutons, pour compléter l'étude de ces divers personnages, quelques indications sur les relations que plusieurs d'entre eux ont eues avec la Terre Sainte et Nazareth, Lorette et la Sainte Maison : c'étaient des titres de plus à ce que leur mémoire fût rappelée dans la basilique.

D'abord les deux souverains pontifes. Urbain II, personne ne l'ignore, prêcha la première croisade et fut le promoteur de ce grand mouvement qui conduisit les chrétiens d'Occident à la défense des Lieux Saints. Il parcourut, à cet effet, une partie de la France; il présida le concile de Clermont et plusieurs autres : Valence, le Puy, Nîmes, Tarascon,

---

Francos diligit!) » On se souvient que par une délicate attention du Souverain Pontife, cette lettre était rédigée en langue française.

1. On sait quelle réserve imposent les lois de l'Église au sujet des images des saints personnages dont les procès sont en instance en cour de Rome. Mais un récent décret de la Congrégation des Rites, mettant fin à des attaques injustifiées, a permis de représenter dans les lieux sacrés les personnages non canonisés, pourvu que ce fût d'une manière purement historique. On déclare expressément qu'on n'a pas eu ici d'autre intention. La même observation s'applique à la figure de la vénérable Louise de Marillac.

Avignon, Mâcon, Cluny, Limoges, Poitiers, Tours, Angers, Rouen, Arles, etc., eurent l'honneur de sa présence [1].

Urbain V, on l'a dit déjà, fut le premier des papes qui firent le pèlerinage de Lorette.

Saint Bernard fut, en France et en Allemagne, l'apôtre de la seconde croisade; il dut même décliner l'honneur d'en prendre la direction que lui avait dévolue l'assemblée de Chartres [2]. Il reçut aussi la mission de rédiger la règle de l'ordre des Templiers [3], et, plus tard, écrivit pour eux un opuscule spirituel que l'on appellerait aujourd'hui *Manuel de piété à l'usage des Chevaliers du Temple* [4]. Un des chapitres est consacré à Nazareth. Enfin dans l'un de ses sermons sur l'Annonciation, le saint docteur a chanté les louanges de l'humble bourgade de Galilée [5].

1. Michaud, *Histoire des Croisades*, l. I; Rohrbacher, *Histoire de l'Église*, l. LXVI.

2. Plusieurs de ses lettres y font allusion. Il en écrivit une au pape Eugène III pour le supplier de prendre sa défense : « Vous avez certainement appris, lui disait-il, qu'à l'assemblée de Chartres (je reste stupéfait d'une telle résolution!), ils ont voulu faire de moi un commandant et un chef d'armée. Soyez persuadé que je ne suis pour rien dans ce choix, aussi contraire à mes désirs qu'il dépasse mes capacités, si je me connais bien... Qui suis-je pour ranger des troupes en bataille ou marcher devant le front des guerriers ? En supposant même que j'en aie la force et le talent, quoi de plus étranger à ma profession ? » (Lettre 256.)

3. Il ne paraît pas qu'il l'ait effectivement rédigée.

4. En voici le début : « A Hugues, soldat du Christ, et maître de la milice du Christ, Bernard abbé de Clairvaux, seulement de nom, souhaite de combattre le bon combat !

« Voici trois fois, si je ne me trompe, ô très cher Hugues, que tu me demandes d'écrire une exhortation pour toi et tes compagnons d'armes, et de brandir ma plume contre l'ennemi, s'il ne m'est pas permis de brandir la lance. »

L'ouvrage se compose de treize chapitres ; dans les quatre premiers, l'auteur expose les mérites et les devoirs des Templiers, qu'il exhorte à demeurer fidèles à leur règle. Il leur apprend ensuite à nourrir leur piété de la méditation des Lieux Saints qu'il passe en revue dans les neuf derniers chapitres. Le chapitre VII est intitulé : *Nazareth*.

5. 3mo sermon sur l'Annonciation : « Vous vous étonnez qu'une aussi petite ville que Nazareth soit honorée par l'envoi d'un messager d'un aussi grand roi ? Mais c'est que dans cette cité est caché un trésor d'un très grand prix ; oui, caché, mais pour les hommes, non pour Dieu... Le Fils

Saint François de Sales fit deux pèlerinages à Lorette : le premier, à la fin de 1591, âgé de vingt-quatre ans[1] ; le second, au mois d'avril 1599, après l'examen qu'il passa à Rome pour l'épiscopat devant Clément VIII[2].

Ces deux visites à la Sainte Maison produisirent en son âme de grandes impressions de grâce.

Rappelons aussi, — ce souvenir est à propos dans une chapelle où, en l'honneur de saint Louis, les fleurs de lis sont écloses sur toutes les murailles, — rappelons qu'ayant à faire le panégyrique du saint roi, saint François de Sales prêcha sur ce texte : « Mon bien-aimé se nourrit parmi les lys », et consacra son discours à montrer que « les fleurs de lys qui servent d'armoiries aux rois de France sont aussi très propres à signifier les vertus du roy Sainct Louys[3] ».

unique du Père connaît-il le ciel ?... Si le ciel est à lui par son Père, Nazareth est sa patrie par sa mère..... »

1. Il venait de prendre, à Padoue, le grade de docteur en droit. Accompagné de son précepteur, M. l'abbé Déage, il désira visiter Rome et faire, à Notre-Dame de Lorette, un pèlerinage auquel il s'était engagé par vœu depuis longtemps. « Là, raconte son neveu, Charles-Auguste de Sales, il se prosterna humblement à genoux, baisant cette terre saincte et ces sacrées murailles. Il n'eust pas moins de tendreté qu'à Rome, et ne se contraignit point de lascher la bonde à ses yeux ; il se donna de nouveau au Fils et à la Mère, qui remplirent son entendement de la cognoissance de plusieurs choses célestes. Ce sont donc icy, disait-il, ô belle Espouse du Roy éternel, vos soliveaux de cèdre et vos planchers de cyprès ! Et c'est donc derrière ces parois, ô divin Amour que vous avez été un jour arresté... » (P. 37.)

2. Il descendit à la résidence des Jésuites et célébra le lendemain la messe dans la Sainte Maison... Ce fut là que, se reconnaissant redevable à la sainte Vierge, de la conversion de tous les hérétiques revenus à la vraie foi, il remercia Dieu des grâces qu'il lui avait faites par Marie... Tout entier à ces saints épanchements de piété, il laissait couler les heures sans s'en apercevoir, lorsque l'abbé de Chissé, s'approchant de lui, vint l'avertir qu'il était temps de se retirer : « O mon frère ! lui dit-il, je vous en prie, par amitié pour moi, laissez-moi encore ici une heure ; je renouvelle toutes les promesses que j'ai faites à la Mère de Dieu dès ma jeunesse... » Il alla ensuite offrir ses hommages à l'évêque, qui, informé par la renommée du grand mérite de l'illustre visiteur, lui fit l'accueil le plus honorable et le retint même une partie de la nuit pour lui communiquer les manuscrits d'un livre qu'il composait et sur lequel il voulait avoir son avis. (Hamon, *Vie de saint François de Sales*, liv. III, chap. II.)

3. « Ayez dévotion à sainct Loüys, écrivait-il à Mme de Chantal, et admi-

Louise de Marillac, qui naquit[1] à Paris au temps du vœu
des Parisiens à Notre-Dame de Lorette (V. plus haut), asso-
cia un jour les noms de Rome et de Lorette, comme saint
François de Sales unissait les deux villes dans ses pèlerinages. M. Portail[2] revenant de Rome s'était arrêté malade à
Marseille. Elle lui écrivit : « Souvenez-vous que si Dieu me fait
la grâce de voir votre désiré retour, je ne vous considérerai
pas comme revenant de Marseille seulement, mais de Rome
dont je vous demanderai bien des nouvelles, et de Notre-
Dame de Lorette, au cas que vous y ayez été. Commencez
à rappeler votre mémoire, je vous supplie. » Une personne
qui a beaucoup étudié la vie de la servante de Dieu, ajoute
ce témoignage : « Si c'est une seule fois que nous ren-
controns le nom de Lorette sous la plume de la vénérable
Louise de Marillac en ce qui nous est resté de ses écrits,
sa dévotion singulière à la vie laborieuse et cachée du
Verbe incarné permet d'affirmer que, en esprit, elle a souvent visité la Santa Casa et qu'elle l'a même habitée par le
cœur. » Si les œuvres actives qui absorbèrent la fin de sa
vie lui en eussent laissé le loisir, elle aurait lu avec bonheur
les pages que son cousin germain Louis d'Attichy[3], religieux minime, évêque de Riez (1628), puis d'Autun (1652),

rez en luy ceste grande constance. Il fut roy à douze ans, eut neuf enfans,
fit perpétuellement la guerre, ou contre les rebelles, ou contre les ennemys
de la foy, vescut passé quarante ans roy; et au bout de là, après sa mort,
son confesseur, sainct homme, jura que l'ayant confessé toute sa vie, il ne
l'avoit treuvé estre tombé en péché mortel... Après avoir longuement visité,
secouru, servy, pansé et guéry les pestiferez de son armée, il meurt gay,
content, avec un verset de David dans la bouche. Je vous donne ce sainct
pour vostre spécial patron pour ceste année; l'année qui vient, s'il playst à
Dieu, je vous en donneray un autre, après que vous aurez bien proffitté en
l'eschole de celuy-cy. » (Lettre du 14 octobre 1604.)

1. Le 15 août 1591.

2. Prêtre de la Mission, chargé par saint Vincent, de la direction des
Sœurs.

3. L'un des sept enfants d'Octavien d'Attichy, surintendant des finances
de Marie de Médicis, et de Valence de Marillac, propre tante de la servante
de Dieu. Ceux-ci étant morts prématurément, M. et Mme Legras remplirent
auprès des orphelins l'office de tuteurs avec un grand dévouement. Il est

consacre à Lorette dans son grand ouvrage des *Fleurs de l'histoire du Sacré Collège.*

Le nom des Marillac devait du reste rester célèbre à Lorette par les dons qu'y firent quelques années plus tard deux descendants du chancelier, les deux frères René et Louis de Marillac[1], dont le premier occupa diverses charges au Parlement de Paris, et le second fut curé de Saint-Germain-l'Auxerrois (1670) et de Saint-Jacques-la-Boucherie (1694[2]).

Avec ces souvenirs historiques, se termine le commentaire de cette partie de nos peintures. Ils termineront aussi, ou peu s'en faut, ce chapitre de description, car le reste n'existe encore qu'à l'état de projet.

Seules, les arcatures reliant cette deuxième zone aux grands tableaux, qui formeront la troisième, sont achevées. Fidèle à rappeler partout saint Louis par des attributs emblématiques, l'artiste y a semé les marguerites, en l'honneur de l'épouse du saint roi, Marguerite de Provence.

Quant aux tableaux eux-mêmes, s'ils ne sont pas encore susceptibles d'une description détaillée, on peut du moins indiquer déjà les sujets qui y seront probablement traités, bien que la décision dernière, à cet égard, n'ait pas encore été prise par le Comité.

Ces sujets devront évidemment rentrer dans la donnée générale, qui a inspiré toute cette décoration : Saint Louis, en première ligne, et, secondairement, les croisades et les destinées chrétiennes de la France.

Dans la notice que j'ai citée plusieurs fois, le R. P. Esch-

probable que, le 7 avril 1630, Louise de Marillac, alors veuve de M. Legras, assista dans l'église de Saint-Magloire, au sacre de son jeune parent.

1. Petits-fils de René de Marillac, autre cousin germain de la servante de Dieu. Elle-même les connut bien. Elle avait quarante-sept ans quand René, l'aîné des deux, fut baptisé à Saint-Nicolas-des-Champs (1639). Il avait donc vingt et un ans quand elle mourut en 1660.

2. Rappelons cet autre curé de Saint-Jacques-la-Boucherie, Charles de la Saussaye, chanoine de Notre-Dame, qui dans le courant de ce même siècle, puisa à Lorette sa vocation ecclésiastique. On aime à relever ces témoignages de la piété du clergé de Paris envers Notre-Dame de Lorette.

bach prévoyait déjà ces tableaux et les annonçait en ces
termes : « Deux peintures en mosaïque de Venise, couvrant
les deux grands panneaux des côtés. Saint Louis en vue de
Nazareth ; saint Louis assistant à l'office de l'Annonciation
dans la *Santa Casa* : tels devront en être les sujets. »

L'étude détaillée, qui a été faite depuis cette époque, a
montré que l'on peut ajouter un troisième tableau au chevet,
entre les deux fenêtres ; c'est en se plaçant dans cette hypo-
thèse que M. Lameire a présenté ses esquisses.

S'inspirant du programme que je viens de rappeler, il pro-
pose aussi deux scènes tirées du pèlerinage de saint Louis
à Nazareth :

1° Sur le mur de droite, saint Louis arrivant à Nazareth :
« ... il descendit de cheval et, se mettant à genoux, il adora. »
(Vallon).

2° Entre les deux fenêtres, saint Louis faisant la sainte
communion : « Il reçut la sainte Eucharistie dans la véritable
chambre où la Vierge Marie, Notre-Dame, avait été saluée
par l'ange. » (Pierre Mathieu.)

On remarquera la convenance particulière de ce dernier
sujet, dans cette chapelle destinée à conserver le Saint
Sacrement pour l'adoration et la communion.

Sur le mur de gauche, l'auteur de l'esquisse, se souvenant
qu'« à Lorette l'histoire de France remonte aux croisades »,
prévoit un épisode tiré des guerres de Terre Sainte[1]. Et,
pour mieux garder l'unité générale, il choisit une scène dont
Nazareth a été le théâtre. La voici telle que la racontent les
historiens[2] :

---

1. On pourrait aussi y représenter, comme il a été dit plus haut, saint
Louis assistant à l'office de l'Annonciation dans la Santa Casa. Si je n'insiste
pas davantage, ni sur ce sujet, ni sur ceux que je viens de mentionner, c'est
qu'ils sont amplement justifiés et commentés dans le chapitre que j'ai intitulé : *la Chapelle Saint-Louis-des-Français.*

2. Rohrbacher, *Histoire de l'Église*, l. LXX. Michaud, *Histoire des Croisades*, l. VII. Voir aussi dans le livre XXII le passage où l'auteur réclame la
créance pour les vieilles histoires anglaises et particulièrement pour « les
récits fidèles » de Gauthier Vinisauf, « témoin oculaire des événements de

Saladin était entré sur les terres des chrétiens. Une division de sept mille hommes approchait de Nazareth, sous la conduite d'un de ses fils, lorsque le peuple des campagnes rentra dans la ville en criant : « Voilà les Turcs ! » Les Templiers et les Hospitaliers, qui purent être avertis du danger, accoururent prêts au combat. Il se rassembla ainsi jusqu'à cent trente chevaliers, auxquels se réunirent trois ou quatre cents hommes de pied. Ils n'hésitèrent pas à attaquer les cavaliers turcs ; mais, accablés par le nombre, ils périrent tous sur le champ de bataille. C'était le 1er mai 1187.

Les vieilles chroniques célèbrent leur bravoure et en racontent des prodiges incroyables[1]. Mais surtout rien n'égala la valeur héroïque de Jacques de Maillé, chevalier du Temple.

Monté sur un cheval blanc, resté seul debout sur le champ de bataille, il combattait parmi des monceaux de morts. Quoiqu'il fût entouré de toutes parts, il refusait de se rendre. Son cheval s'abat et l'entraîne dans sa chute ; mais bientôt l'intrépide chevalier se relève et, la lance à la main, couvert de sang et de poussière, tout hérissé de flèches, se précipite dans les rangs des musulmans étonnés de son audace ; enfin, il tombe percé de coups et combat encore...

Dans la saison, dit une ancienne chronique, où l'on cueillait, parmi les champs, des fleurs et des roses, les chrétiens de Nazareth n'y trouvèrent que les traces du carnage et les cadavres de leurs frères. Ils les ensevelirent dans l'église de Sainte-Marie.

Que l'on représentât Jacques de Maillé combattant les ennemis du Christ, ou que l'on montrât, au soir de la ba-

la croisade... qui comprend tout ce qu'il raconte et s'exprime toujours avec clarté ». Ce sont les propres termes de Michaud.

1. « On vit ces guerriers indomptables, après avoir épuisé leurs flèches, arracher de leur corps celles dont ils étaient percés et les lancer à l'ennemi. On les vit, altérés par la chaleur et la fatigue, s'abreuver de leur sang... On les vit enfin, après avoir brisé leurs lances et leurs épées, s'élancer sur leurs ennemis, se battre corps à corps, se rouler dans la poussière avec les guerriers musulmans, et mourir en menaçant leurs vainqueurs. (Michaud.)

taille, les anges recevant les âmes des héros tombés pour les offrir au Dieu de l'Eucharistie, ce serait, dans les deux cas, un hommage rendu aux vaillants martyrs des croisades.

Ceux qui furent l'âme du mouvement sont glorifiés dans la personne d'Urbain II, de saint Bernard, de saint Louis. Ici serait glorifiée la foule : les chevaliers et ceux qui les ont suivis ; tous ceux qui, plus obscurs, mais non moins pleins de foi, ont versé aux Lieux Saints leur sang pour le Sauveur.

Ce serait aussi un hommage délicat et discret rendu aux croisés du dix-neuvième siècle [1], aux vaillants qui tombèrent à Castelfidardo en regardant Lorette [2], où le matin même, ils avaient, suivant l'exemple de saint Louis, reçu le corps sacré du Sauveur ; à ceux aussi qui, blessés, furent abrités par Marie dans sa basilique transformée en ambulance, tandis qu'à tous les autels se continuait l'offrande du Saint Sacrifice.

Telles sont, à ce sujet, les idées émises jusqu'ici. D'autres pourront l'être encore : toutes seront soumises aux pro-

---

1. A Rome, par une pensée semblable, un monument modeste rappelle, dans notre église nationale de Saint-Louis, les officiers et soldats français morts pendant le siège que firent nos troupes en 1849 pour rouvrir à Pie IX exilé les portes de la Ville éternelle.

2. La plaine où se livra la bataille est précisément dominée par le côté nord de la basilique, par l'extrémité du transept qui forme le chevet de la chapelle Saint-Louis.

« Sanctuaire vénéré de Lorette, s'écrie Mgr Dupanloup, ils te voyaient donc en combattant, et tu leur apparaissais comme l'asile ouvert à leurs âmes, et leurs regards mourants se tournaient vers toi avec consolation et espérance ! »

« Voyez le sang répandu pour sauver Lorette ! dit à son tour Mgr Pie. Seigneur mon Dieu ! des dévouements si purs, si magnifiques ne seront pas perdus pour la terre. J'en jure par cette Maison où votre Verbe s'est fait chair ! »

On trouvera dans le livre d'Edmond Lafond, *Lorette et Castelfidardo* (ch. XVII à XX), les détails de ce combat et les innombrables témoignages de piété rendus par les volontaires de l'armée pontificale à Notre-Dame de Lorette, dont le nom revient sans cesse sur leurs lèvres comme dans leurs lettres.

chaines délibérations du Comité. C'est à lui qu'il appartiendra de se prononcer ; ce serait trop s'avancer que de préjuger sa décision :

> ... *Adhuc sub judice lis est.*

Il aura aussi, après avoir consulté les personnes compétentes, à prendre des résolutions au sujet de ce que l'on peut appeler l'ameublement de la chapelle Saint-Louis, je veux dire l'autel et les vitraux.

L'autel devra être adapté aux besoins de communions nombreuses, de l'adoration privée et de l'exposition publique ; il devra aussi servir de reposoir pour le Jeudi saint. Un programme a été envoyé de Lorette[1] ; des études préliminaires ont été demandées à l'orfèvrerie française.

Les vitraux devront laisser passer assez de lumière pour éclairer convenablement les peintures[2]. A cet effet, il faudra probablement renoncer au projet primitif d'y exposer quelques scènes de la vie de saint Louis. On se contenterait d'un fond clair, sur lequel se détacheraient des blasons[3] reliés par des phylactères : sur ces derniers, on inscrirait les noms des saints français.

---

1. Le Saint Sacrement a reçu un abri provisoire dans une autre chapelle. Mgr l'évêque de Lorette, mû par un sentiment de piété que tout le monde comprendra, a hâte devoir la Chapelle Française assez avancée pour être habitée enfin par l'Hôte divin dont la présence permanente sera pour elle un honneur suprême et un privilège envié.

2. La chapelle étant tournée vers le nord ne reçoit pas la lumière directe du soleil.

3. « Les armes des bienfaiteurs insignes seront reproduites dans la décoration de la chapelle. » (*La France à Lorette*, déjà cité.)

VI

CONCLUSION

La conclusion sera brève, mais elle s'impose avec une
logique rigoureuse, je dirais presque avec la rigueur d'un
raisonnement mathématique.

Une œuvre a été entreprise, œuvre glorieuse pour notre
France chrétienne. Nous devons la poursuivre et la menér à
bonne fin.

Qu'avons-nous fait ?

Que reste-t-il à faire ?

La voûte et les tympans ont reçu leur décoration. La frise
des blasons, les arcatures de la région inférieure sont également terminées.

Au-dessous de ces arcatures, les murs nus attendent les
grands tableaux et le revêtement de marbre.

La chapelle attend encore son autel et ses vitraux.

Mais le Comité s'est imposé la loi de n'engager les travaux
qu'au fur et à mesure des ressources disponibles. Quatre-
vingt mille francs ont été déjà dépensés. Ce qui reste à
faire en exigera environ le double.

Pour lui permettre d'ordonner de nouveaux travaux, le
Comité fait appel au concours de tous.

Il s'adresse au clergé et aux fidèles, aux confréries pieuses
et aux ordres religieux, à tous les enfants de la grande famille chrétienne et, en particulier, à ceux dont autrefois les
aïeux se croisèrent à la voix des papes, et dont les fils, enrô-
lés dans l'armée pontificale, combattirent pour Pie IX sous
les murs de Lorette.

A tous, il demande l'aumône[1] qui l'aidera à réaliser ce

1. Les offrandes doivent être adressées de préférence à M. l'abbé Fages,
vicaire général, rue de Grenelle, 127, Paris. Elles peuvent aussi être remises
aux membres du Comité.

triple désir : achever la Chapelle Française, honorer Marie dans le mystère de l'Incarnation, faire belle entre toutes la chapelle du Très-Saint-Sacrement.

Il compte aussi sur le patriotisme de tous ceux qui ont souci du bon renom de la France dans le monde des arts. Cette lutte d'influence, qui se poursuit aujourd'hui aux Lieux Saints et dans les chrétientés d'Orient sur le terrain politico-religieux, nous la retrouvons à Lorette dans le domaine plus pacifique des beaux-arts. Les nations appelées à prendre part à ce concours s'efforcent, comme à l'envi, de s'égaler l'une l'autre. Entre toutes les œuvres issues de cette légitime émulation, la Coupole Italienne, la Chapelle Allemande et la Chapelle Française, conçues chacune selon le génie propre à chaque peuple, attireront les regards et provoqueront l'examen[1].

Mettons à même de faire honneur à l'art français l'artiste éminent chargé là-bas d'en porter le drapeau.

Une circonstance particulière engage le Comité à rendre plus pressantes ses instances. Des âmes généreuses se sont préoccupées de sanctifier le déclin du siècle qui finit et l'aube de celui qui lui succédera. Sous le patronage de Léon XIII, on presse les catholiques de rendre, à cette occasion, un *hommage solennel à Jésus-Christ Rédempteur*. Les Cardinaux, Archevêques et Évêques de France ont pris cette œuvre sous leur protection.

Parmi les moyens proposés pour atteindre ce but, on signale des pèlerinages généraux :

1° A Lourdes et aux Lieux Saints de Palestine, en 1898-1899;

2° A la Sainte Maison de Lorette[2], en 1900 ;

---

1. Je ne parle, bien entendu, que des œuvres présentement achevées ou assez avancées pour pouvoir être appréciées.

2. En ce qui concerne Lorette, cette pensée a un côté touchant. Presque tous les derniers papes, Pie VI, Pie VII, Grégoire XVI, Pie IX ont visité la Santa Casa pendant leur pontificat. Léon XIII, qui fit ce pèlerinage avant de

3° A Rome, en 1900-1901.

Il faut que les pèlerins qui, répondant à cet appel, se rendront en grand nombre à Lorette, y puissent adorer le Très Saint Sacrement dans la chapelle Saint-Louis. Il faut qu'elle soit alors terminée et fasse honneur aux pèlerins français devant les catholiques de tous les pays.

monter sur la chaire de saint Pierre, est privé de la consolation d'imiter en cela ses prédécesseurs, lui, le pape du Rosaire, comme Pie IX fut le pape de l'Immaculée-Conception. Par une sorte de dédommagement, il y envoie les enfants de l'Église. Ils représenteront leur père volontairement captif au Vatican, offriront ses vœux à la sainte Madone et prieront pour lui.

LA CONGRÉGATION UNIVERSELLE

DE LA SAINTE-MAISON DE LORETTE

Cette notice serait incomplète si je ne signalais à ses lecteurs l'association pieuse à laquelle, en passant, j'ai fait plus haut une simple allusion.

Procurer la gloire de Dieu et le salut des âmes par la dévotion à Marie, honorer la très sainte Vierge dans le mystère de l'Annonciation, faire de la Sainte Maison comme un centre vers lequel se tournent en esprit tous ceux qui récitent l'*Angelus* ou simplement la Salutation angélique, tel est le but de la *Congrégation universelle de la Sainte-Maison de Lorette*, instituée par Mgr Gallucci en 1883.

Sa diffusion a été rapide. D'après un tableau que j'ai sous les yeux, elle comptait, au commencement de 1897, plus de dix mille zélateurs.

Ses listes contenaient, à cette époque, les noms de trente-deux cardinaux, de deux cent cinquante évêques, de près de deux millions de membres parmi lesquels deux cent mille des pays de langue française.

Elle n'impose à ses adhérents aucune autre obligation que l'inscription sur ses registres.

Elle leur procure d'amples faveurs spirituelles attachées à quelques pieuses pratiques dont les principales sont : la récitation quotidienne de l'*Angelus* et la célébration des fêtes de l'Annonciation de Marie, le 25 mars, et de la Translation de la Sainte Maison, le 10 décembre. Ces faveurs sont applicables aux défunts.

Elle leur demande une aumône facultative destinée présentement à la restauration de l'insigne Basilique qui renferme un tel trésor.

Les associés français sont avertis d'envoyer directement ces aumônes à l'archevêché de Paris. Grâce au zèle infatigable du R. P. de Malaga, des sommes importantes sont venues par cette voie grossir les ressources du Comité.

On peut donc affirmer que la Congrégation Universelle, en groupant les bonnes volontés et en stimulant la piété, offre un moyen très efficace de participer à l'Œuvre de Lorette.

C'est au directeur général[1] de la Congrégation que doivent s'adresser tous ceux qui désirent s'y affilier ou la propager en s'en faisant les zélateurs.

---

1. Le R. P. Pierre-Marie de Malaga, capucin, directeur général de la Congrégation universelle de la Sainte-Maison, à Lorette (Italie).

TABLE DE L'ILLUSTRATION

A LA SUITE DU TEXTE

TABLE DES MATIÈRES

FIN

Ensemble de la voûte.

(Anges portant les instruments de la Passion,
S. Landry, B^{me} Isabelle, S. Louis évêque, Jeanne d'Arc.)

Partie antérieure de la voûte.

Premier Tympan de droite.

(S. Denys, B. Urbain II, S. Remi.)

Premier Tympan de gauche.

(S. François de Sales, B. Urbain V. S. Bernard.)

Deuxième Tympan de droite.

(Ste Clotilde, S. Martin.)

Deuxième Tympan de gauche.

(S. Vincent de Paul, Ste Geneviève.)

Tympan du fond.

(B^{le} Isabelle, S. Louis de Toulouse.)

Ébrasement de fenêtre.

(Ste Jeanne-Françoise de Chantal.)

Ébrasement de fenêtre.

(Vénérable Louise de Marillac.)

DUMOULIN ET Cie
RENOUARD-AGIS
RUE DES GRANDS
AUGUSTINS, 5
IMPRIMEURS
PARIS